Marco Polo

LOFOTEN

Reisen mit

Insider-Tips

Diese Tips sind die ganz speziellen Empfehlungen unserer Autoren. Sie sind im Text gelb unterlegt.

Sechs Symbole sollen Ihnen die Orientierung in diesem Führer erleichtern:

★

für Marco Polo Tips – die besten in jeder Kategorie

für alle Objekte, bei denen Sie auch eine schöne Aussicht haben

für Plätze, wo Sie bestimmt viele Einheimische treffen

für Treffpunkte für junge Leute

(A 1)
Koordinaten für die Übersichtskarte
(O) *außerhalb des Kartenbereichs*

Die Marco Polo Route in der Karte verbindet die schönsten Punkte der Lofoten zu einer Idealtour.

Diesen Führer schrieb Jochen Seelhoff. Der deutsche Journalist nennt Norwegen seine zweite Heimat und bereist seit 25 Jahren die Lofoten. Die Marco Polo Reihe wird herausgegeben von Ferdinand Ranft.

MAIRS GEOGRAPHISCHER VERLAG

Für Ihre nächste Reise gibt es folgende Titel dieser Reihe:

Ägypten • Alaska • Algarve • Allgäu • Amrum/Föhr • Amsterdam • Andalusien • Antarktis • Argentinien/Buenos Aires • Athen • Australien • Bahamas • Bali/Lombok • Baltikum • Bangkok • Barcelona • Bayerischer Wald • Berlin • Berner Oberland • Bodensee • Bornholm • Brasilien/Rio • Bretagne • Brüssel • Budapest • Bulgarien • Burgenland • Burgund • Capri • Chiemgau/Berchtesgaden • China • Costa Brava • Costa del Sol/Granada • Costa Rica • Côte d'Azur • Dänemark • Disneyland Paris • Dolomiten • Dominik. Republik • Dresden • Dubai/Emirate/Oman • Düsseldorf • Eifel • Elba • Elsaß • England • Erzgebirge/Vogtland • Feuerland/Patagonien • Finnland • Flandern • Florenz • Florida • Franken • Frankfurt • Frankreich • Frz. Atlantikküste • Fuerteventura • Galicien/Nordwest-Spanien • Gardasee • Gran Canaria • Griechenland • Griech. Inseln/Ägäis • Hamburg • Harz • Hawaii • Heidelberg • Holland • Hongkong • Ibiza/Formentera • Indien • Ionische Inseln • Irland • Ischia • Island • Israel • Istanbul • Istrien • Italien • Italien Nord • Italien Süd • Ital. Adria • Ital. Riviera • Jamaica • Japan • Java/Sumatra • Jemen • Jerusalem • Jordanien • Kalifornien • Kanada • Kanada Ost • Kanada West • Karibik: Große Antillen • Karibik: Kleine Antillen • Kärnten • Kenia • Köln • Kopenhagen • Korsika • Kreta • Krim/Schwarzmeerküste • Kuba • Lanzarote • La Palma • Leipzig • Libanon • Lissabon • Lofoten • Loire-Tal • London • Luxemburg • Madagaskar • Madeira • Madrid • Mailand/Lombardei • Malediven • Mallorca • Malta • Mark Brandenburg • Marokko • Masurische Seen • Mauritius • Mecklenburger Seenplatte • Menorca • Mexiko • Mosel • Moskau • München • Namibia • Nepal • Neuseeland • New York • Normandie • Norwegen • Oberbayern • Oberital. Seen • Oberschwaben • Österreich • Ostfries. Inseln • Ostseeküste: Mecklbg.-Vorp. • Ostseeküste: Schlesw.-Holst. • Paris • Peking • Peloponnes • Pfalz • Polen • Portugal • Potsdam • Prag • Provence • Rhodos • Rom • Rügen • Rumänien • Rußland • Salzburg/Salzkammergut • San Francisco • Sardinien • Schottland • Schwarzwald • Schweden • Schweiz • Seychellen • Singapur • Sizilien • Slowakei • Spanien • Spreewald/Lausitz • Sri Lanka • Steiermark • St. Petersburg • Südafrika • Südamerika • Südengland • Südkorea • Südsee • Südtirol • Sylt • Syrien • Taiwan • Teneriffa • Tessin • Thailand • Thüringen • Tirol • Tokio • Toskana • Tschechien • Tunesien • Türkei • Türk. Mittelmeerküste • Umbrien • Ungarn • USA • USA: Neuengland • USA Ost • USA Südstaaten • USA West • Usedom • Venedig • Vietnam • Wales • Die Wartburg/Eisenach und Umgebung • Weimar • Wien • Zürich • Zypern • Die 30 tollsten Ziele in Europa • Die tollsten Hotels in Deutschland • Die tollsten Restaurants in Deutschland

Die Marco Polo Redaktion freut sich, wenn Sie ihr schreiben:
Marco Polo Redaktion, Mairs Geographischer Verlag
Postfach 31 51, D-73751 Ostfildern

Titelbild: Austvagöy, Fischerort Henningsvær (Transglobe/Becker)

Fotos: Anzenberger: Haidinger (22); Janicke (10, 46, 49, 64); Jung (40, 71); Lade: BAV (36), Krecichwost (60, 83); Leimeister (14, 24, 28, 45, 52, 68); Mauritius: Skandinavia Stock (4); Nowak (78, 90); Schapowalow: Dr. Nowak (56); Schuster: Löhr (54), Hoffmann-Burchardi (76); Seelhoff & (6, 25, 26, 59, 62, 72, 86, 93, Anreise); Timmermann (30)

1. Auflage 1996 © Mairs Geographischer Verlag, Ostfildern/Hachette, Paris
Lektorat: Gisela Kramer
Gestaltung: Thienhaus/Wippermann (Büro Hamburg)
Kartographie: Mairs Geographischer Verlag, J. W. Cappelens Forlag
Sprachführer: In Zusammenarbeit mit Ernst Klett Verlag für Wissen und Bildung GmbH, Redaktion PONS Wörterbücher.

Printed in Germany
Gedruckt auf 100% chlorfrei gebleichtem Papier

Entdecken Sie die Lofoten!

Weit nördlich des Polarkreises liegt in der Norwegischen See eines der letzten Paradiese

Als die junge Norwegerin Irene Jusnes vor knapp vierzig Jahren von Stokmarknes auf den Vesterålen nach Ramberg auf der Lofoteninsel Flakstadöy wollte, brauchte sie für die hundert Kilometer Luftlinie drei Tage. Da noch keine Straßen existierten, blieb ihr nur der Wasserweg. Zweimal mußte sie das Schiff wechseln, zweimal in kleinen Häfen übernachten. Heute schafft sie die gleiche Entfernung in drei Stunden. Setzt mit der Fähre von Melbu nach Fiskeböl auf die Lofoten über und rollt dann ungehindert das gewundene Asphaltband der Europastraße 10 dem Ziel entgegen. Sie überquert ein paar kühne Hochbrücken, taucht hinab in die Röhre des imponierenden Seetunnels, 55 Meter tief unter dem brodelnden Wasser des Nappstraumen, des Gezeitenstroms von Napp zwischen den Inseln Vestvågöy und Flakstadöy. Gut ein Menschenalter hat genügt, um die Bewohner der Lofoten wie in einem Zeitsprung aus dem abgeschiedenen Leben in winzigen Blockhäusern mit Petroleumlampe und *uthus* mit Herzchen in das Dasein mit Auto und Supermarkt, in das Wohnen in modernen Einfamilienhäusern zu katapultieren. Es sind Häuser, die in jeder Stadt Mitteleuropas stehen könnten.

Lofotenwelt: Einsames Haus an blauem Fjord unter schroffen Bergen

Ramberg vor vierzig Jahren, das waren zwei Fischhändler, ein Kaufmann, die Schule, zwei Dutzend armselige Häuser. Der Ort hatte gerade elektrischen Strom bekommen. Viele Pferdefuhrwerke rumpelten durchs Dorf, aber auch schon ein paar Lastwagen, die den trockenen Stockfisch auf den kurzen Holperpfaden von den Gestellen zum Verladekai karrten. Und zwei richtige Personenautos gab es, die den Fischhändlern gehörten. Ganz unsinnige Prestigeobjekte, denn für sie waren keine Straßen auf Flakstadöy vorhanden. Irene blieb in Ramberg, heiratete Trond Jusnes. Die beiden bauten ein Haus an dem Schotterweg, der heute zur E 10 geworden ist. Es liegt dort, wo alle Touristen anhalten und die Kamera herausholen, überwältigt von so viel Schönheit. Hier geht der Blick nach Norden weit über das Meer, nach Westen auf den

Schärengarten vor der felsigen Küste, nach Süden über die sichelförmige Bucht mit dem feinen weißen Strand, den Hafen und tief hinein in den Selfjord mit seinem einzigartigen Panorama. Wie grimmige Wächter stehen rundum die wildgezackten Berge von Moskenesöy, tief gestaffelt, die größten und schroffsten ganz hinten und sich allmählich im Blau der Ferne verlierend. Und mitten im Bild die eleganten Bögen der beiden geschwungenen neuen Hochbrücken, die nach Fredvang hinüberführen.

Eigentlich stören sie gar nicht. Trond Jusnes lächelt. »Nein, ein paar Brücken können die Lofoten nicht umbringen. Eher schon die Autos, die rüberfahren.« Das sind viele geworden. 25 000 Bewohner zählen die Inseln. Über 160 000 Touristen kamen im letzten Sommer in den zehn, zwölf Wochen der kurzen Saison, wenn nicht nur die urweltliche Natur die Gäste lockt, sondern auch der Zauber der Mitternachtssonne. Dann bleibt die Nacht so hell wie der Tag es war. Mehr als 160 000, die über die Europastraße müssen, egal, zu welchem Platz auf den Inseln sie auch wollen. Es gibt nur dieses eine Band, das die Lofoten zusammenhält.

Der Lofot, wie man in alter Zeit sagte, das sind von Norden nach Süden die fünf Inseln Austvågöy, Gimsöy, Vestvågöy, Flakstadöy und Moskenesöy. Ihnen schließen sich weit draußen im Meer als südlichste Vorposten noch die kleinen Vogelinseln Værøy und Röst an. Die Lofoten, »die schönste Ecke Norwegens«, wie der Dichter Knut Hamsun sie genannt hat, sind eine Welt für sich und trotz der neuen Fährlinie nicht ganz einfach zu erreichen. Die Inseln, fast auf der Höhe von Narvik dem norwegischen Festland vorgelagert, springen weit vor nach Südwesten in die Norwegische See, als hätte sie eine Riesenfaust hinausgeschleudert ins Meer. Genau genommen zwischen 67° 50' und 68° 25' Nord auf etwa 14° östlicher Länge. Sie liegen also weit jenseits des Polarkreises, so nördlich wie das grönländische In-

An der Kubholmleia bru: Angeln unter der Mitternachtssonne

landeis, nördlicher als ganz Island und Kanadas Hudsonbai, auf gleicher Breite wie Mittel-Alaska.

Nirgendwo auf der Erde ist es so weit nördlich so warm wie auf den Lofoten. Die in der Karibik aufgeheizten Wasser des Golfstroms driften nach Nordosten quer über den Atlantik bis nach Norwegen und halten als globale Fernheizung die Küste bis über das Nordkap hinaus auch im Winter eisfrei.

Auf den Lofoten ist alles extrem. Die Landschaft, das Klima, die Geschichte. Nur die Menschen sind es nicht. Die Nachkommen germanischer Wikinger, ein paar Samen und Finnen mögen auch unter den Vorfahren sein, sind ein herber, beharrlicher und zurückhaltender Menschenschlag. Aber wem es gelingt, das vorsichtige Abwarten zu überwinden, der wird nicht nur fast grenzenlose Hilfsbereitschaft, sondern auch Zuneigung und Freundschaft gewinnen.

Germanen also, Wikinger. Es war lange umstritten, ob die Nordmänner in den Langbooten, die um das Jahr 1000 Europa auf ihren Kriegszügen erzittern ließen, überhaupt so weit nördlich feste Siedlungsplätze gehabt haben. Bis vor wenigen Jahren ein aufmerksamer Bauer bei Borg auf der Insel Vestvågöy beim Ackern mitten im Moorland auf alten Kulturboden stieß. Seitdem wird bei Borg direkt an der Europastraße 10 gegraben. Heute weiß man, daß dort der größte Wikingersitz gelegen hat, den die Erde Norwegens bisher freigab. Das wiederaufgebaute Borg verspricht eine der größten Sehenswürdigkeiten der Lofoten zu werden.

Bevor die Wikinger aufkreuzten, hatten seit der Steinzeit, etwa seit 6000 Jahren, samische und wohl auch finnische Stämme auf den Lofoten gesiedelt. Sie zähmten das Ren, sie begannen mit dem Fischfang. Zuerst von primitiven Booten aus. Sie spannten Häute über Holzgestelle, wie die Eskimos es bis in unsere Zeit machen. Mit Angelschnüren aus Hautstreifen und Brennesselfasern fischten sie an Haken aus Knochen und Horn schon auf dem Meer. Vorläufer der berühmten Lofotfischerei späterer Zeiten, die seit dem Mittelalter Europa bis nach Spanien und Italien mit Stockfisch versorgt.

Törrfisk, Trockenfisch, sagen die Norweger selbst. Er wurde die Lebensgrundlage der Inseln, ihr einziges Exportgut, für das die Bewohner Getreide und Salz, Glas, Tuch und Schnaps einhandelten. Aber kaum Geld. Das große Geld mit dem Stockfisch wurde in Bergen von den Handelshäusern der Hanse und deren Nachfolgern verdient und später auch vom dänischen Königshof, nachdem Norwegen für 300 Jahre dänische Kolonie geworden war. Ehe die Lofotfischerei nach dem Jahr 1000 ihre erste Blüte erlebte, war das Klima auf den Inseln noch wärmer als heute. Getreide reifte, Wald bedeckte den jetzt fast baumlosen Archipel. Das ist erstaunlich, denn auf den Lofoten begannen die Gletscher der letzten großen Eiszeit erst vor 15 000 Jahren abzutauen. Klimaveränderungen hat es häufig gegeben.

Die jüngste Eiszeit hat die Inseln, wie wir sie heute erleben, wesentlich geformt. Durch die Gewalt der Eismassen und darin mitgeführter Steine sind graue Schieferwände blankgescheuert, glänzen im Sonnenlicht wie gewachste Elefantenhaut, ebenso zeigt sich die Eiszeit noch in den Geröllfeldern der Grund- und Endmoränen. Darüber die wild zerklüfteten Zinnen der höchsten Berge. Eine einmalige, faszinierende Landschaft, in der alpine Gipfel unmittelbar aus dem Meer emporwachsen.

Steigen Sie ein zu einer Fahrt von Leknes, dem Hauptort von Vestvågöy, nach Reine auf Moskenesöy. Rund fünfzig Kilometer nur, auf denen Sie von allem etwas erleben werden, was die Lofoten zu bieten haben. Sie wenden sich auf der E 10 nach Süden, folgen den Wegweisern nach Å, durchfahren die Moorlandschaft vor dem Nappstraumtunnel, zahlen ihre 65 Kronen Maut fürs Auto – nur die Einheimischen kommen billiger durch – und rollen unter dem stets unruhigen Wasser hinüber nach Flakstadöy, tauchen wieder auf am mächtigen, dräuenden Klotz des Stornappstind, der 740 Meter steil aus dem Sund aufsteigt. Sie lassen den kleinen Hafen von Napp links liegen, fahren über den Sattel aus Glimmerschiefer und Gneis an einem der kaum zu zählenden Süßwasserseen vorbei hinab nach Vareid und sind nun fast wieder auf Meereshöhe. Dieser flache, sanft sich zum Fjord senkende Wiesenstreifen zu Füßen der Berge entstand, als das Land sich hob. Befreit vom Druck der Eismassen, wuchsen die Inseln seit 15 000 Jahren um 20 bis 150 Meter aus der See, schufen in einigen der einstigen Brandungszonen fruchtbares, mit Muschelschalen durchsetztes Land, auf dem heute die Bauern der Lofoten Weidewirtschaft betreiben. Im Juni, wenn der Hahnenfuß blüht, sind hier die Wiesen quittegelb und färben sich zum Juli hin, ehe sie gemäht werden, ins dumpfe Rot des Sauerampfers.

Nun gilt es, den weiten Bogen des flachen Fjordes Flakstadpollen auszufahren, dessen Wasser bei Sonne so unglaublich smaragdgrün schillert. Bei Bö hatte ein Fischer mit großem Aufwand versucht, aus mächtigen Steinwällen einen kleinen Hafen für seinen Kutter zu schaffen. Einen einzigen Winter hat das Meer gebraucht, um das Hafenbecken zwischen den Molen vollständig mit Sand aufzufüllen: Menschenwerk ist selten von Dauer, wenn der Lofotensturm aus West oder Nordost heranreitet. Hinter Bö dann die wenigen Häuser und die leuchtend rot gestrichene Blockhauskirche von Flakstad, nicht die größte, aber die schönste der Inseln. Gebaut aus dem russischen Holz, mit dem ein Frachtsegler im 18. Jahrhundert an der Küste strandete. Die Kirche steht im grünen Bauernland, das aus dem Meer emporgestiegen ist. Kein sicherer Baugrund. Schon zweimal mußte das abgesackte Bauwerk auseinandergenommen und auf neuem Fundament wieder aufgerichtet werden. Im Eingang hängt eine handgeschriebene Liste mit den 167 Namen der auf See gebliebenen Fischer von Flakstadöy – oft sind alle Männer einer Familie an einem einzigen Tag umgekommen.

Moorboden folgt, auf dem Wollgras sich im Wind wiegt. Nach Norden zu wird der Horizont über der Norwegischen See nun frei, ein guter Platz bei Mitternachtssonne! Immer liegen hier Schafe am Wegrand, oft ganze Familien mit vielen Lämmern, die so unberechenbar sind wie Menschenkinder. Vorsicht, Schafe haben auf den Lofoten unter allen Umständen »Vorfahrt«! Ein Schaf unters Auto zu bekommen, gibt unendlichen Ärger mit dem Besitzer, das ist nicht mit Geld mal eben schnell zu regeln. Da rühren sich tiefverwurzelte Erfahrungen aus vergangenen Jahrhunderten, als neben dem Fisch das Schaf wichtigste Nahrungsquelle für die Menschen war. Es sicherte Fleisch und Milch. Und ohne seine wärmende Wolle hätte man die Winter nicht überlebt.

Die Straße wendet sich nach Süden, steigt über die kleine Anhöhe beim Haus von Trond und Irene Jusnes und schenkt Ihnen – Sie erinnern sich – den Bilderbuchblick auf Ramberg, den Selfjord und das Gebirge von Moskenesöy. Das gehört zu den ältesten der Erde: Gneis, entstanden unter Wärme und Druck aus etlichen unterschiedlichen Gesteinsarten, vulkanisch emporgehoben, wieder abgetaucht ins Magma der Erde und erneut nach oben gepreßt. Geologen sind sich nicht ganz einig, ob einige Berge von Moskenesöy dreieinhalb oder nur zweieinhalb Milliarden Jahre alt sind. Milliarden, nicht Millionen! Man wird nachdenklich, wenn man dort vor ihnen steht.

Unter dem Nubben hindurch, dem über Ramberg hängenden riesigen überkragenden Felsklotz, der aussieht, als wolle er jeden Augenblick den Hafen unter sich begraben, vorbei an Stockfischgestellen, kommen Sie zur Spengerleira, einer der wenigen Wattflächen der Lofoten. Alle zwölf Stunden, wenn sie trockenfällt, sammeln sich hier Möwen und Austernfischer. Falls Sie anhalten, findet sich bestimmt gleich ein Rotschenkel ein, der Sie mit Geschrei und Flügelschlag verleiten will, ihm zu folgen – möglichst weit weg von seinem Nest, das er irgendwo in der Uferzone unter einer Binsenbülte hütet. Möwen stehen im rüttelnden Flug über der Fahrbahn, lassen eigroße Seeigel aus 20 Metern Höhe fallen, damit sie auf den Asphalt klatschen, aufplatzen und leichter gefressen werden können.

Nun führt die Straße am Selfjord entlang, dicht an den dunkelgrauen Fels gepreßt und immer wieder mit Ausblicken, daß Sie meinen werden, tausend Kilometer weiter südlich im Fjordland von Sogne oder Geiranger zu sein. Dann zwängt sich die Straße dicht am Wasser durch die Enge des Sundstraumen, Berge auf beiden Seiten, ein paar erst kürzlich aufgegebene kleine Höfe am anderen Ufer: straßenlos, nur mit dem Boot zu erreichen. Wer will heute noch so leben? Gleich danach Kåkernbru, die älteste der vielen Hochbrücken der Lofoten, schon 1963 gebaut mit der ersten Lofotenstraße und bis heute unverändert im Betrieb. Kåkernbru sagt viel über die Mentalität der Nordleute. Dinge »gehen« in Norwegen immer noch, wenn in Mitteleuropa die technischen Überwachungsingenieure sie längst stillgelegt hätten. Am Ufer zu stehen und zu sehen, wie die einspurige Brücke, in ihren Stahlseilen hängend, sich durchbiegt, wenn nur der Linienbus hinüber-

Hochbrücken wie zwischen Ramberg und Fredvang ersetzen heute die Fähren

fährt –, das reicht, um zweimal tief zu atmen. Dabei ist die Brücke für satte 39 Tonnen Gewicht freigegeben. Nicht für 40, nein, für exakt 39. Auch das ist Norwegen.

Nun wird es schwierig für die Europastraße 10. Hier, auf Moskenesöy, windet sie sich, mal knapp, mal hoch über dem Vestfjord, ganz eng am Fuß der hohen Berge entlang. Immer wieder in den Fels gesprengt, sich in Abhänge krallend, steile Abstürze zum Wasser des Fjords schaffend – keine Strecke für Furchtsame. Und keine für Raser. Aber für die gibt es auf den kurvenreichen Lofotenstraßen ohnehin wenig Raum. Man muß die Landkarte zur Hand nehmen, um zu glauben, daß der Vestfjord wirklich ein Fjord ist. Nur bei klarem Wetter kann man die Berge der Festlandsküste ausmachen, hundert Kilometer entfernt oder mehr. Bei Sturm gischtet hier die Brandung so hoch gegen die Felsen wie am offenen Meer. Haben Sie Glück, und es herrscht einigermaßen gute Sicht, können Sie an der Küste entlang nach Südwesten Værøy und Röst erkennen, die Vogelinseln. Ehe Sie selbst aber nun nach Reine kommen, fahren Sie nach einer langen Strecke ohne Strauch und Haus mitten durch eine Kolonie brütender Dreizehenmöwen.

Als man die Hochbrücke von Hamnöy nach Reine baute, blieb keine Wahl: Die Zufahrt mußte durch die Felsen der Brutkolonie gesprengt werden. Natürlich hat das die Möwen aufgeregt, aber vertrieben hat es sie nicht. So kommt es, daß Sie hier heute brütende Möwen aus dem Auto heraus zum Greifen nah beobachten können. Es ist die einzige Brutkolonie, die so bequem zu erreichen ist. Die meisten sind in der Brutzeit ganz gesperrt und dürfen nur vom Boot aus beobachtet werden.

Fünfzig Kilometer von Leknes nach Reine, und Sie haben von allem etwas gesehen, was die Lofoten zu bieten haben. Aber natürlich haben Sie die Lofoten nicht gesehen. Die sind an jeder anderen Stelle so sehenswert, fast immer einmalig, daß es sich lohnt, die ganzen 166 Kilometer der E 10 von Fiskeböl im Norden bis Å im Süden ganz geruhsam zu erleben und die Abzweigungen nicht auszulassen.

Überall werden Sie den Zauber der Inseln erleben, werden verstehen, warum immer mehr Urlauber die tagelange Anfahrt auf sich nehmen, um eines der letzten Paradiese Nordeuropas zu sehen. Noch ist es eins, wenn an einigen Plätzen auch schon der Tourismus mehr Leben in die kleinen Küstenorte bringt, als sie tragen können. Unangreifbar aber bleibt die Landschaft. Der Gegensatz von weitem Meer und dramatischer Bergwelt, unterbrochen von lieblichen Partien, die an deutsche, wenn auch waldlose Mittelgebirge erinnern, von Seen, Fjorden, Sunden, Schären und Holmen, von schwankenden Mooren und, selten genug, ein wenig Ackerland für Kartoffeln, alles an Sonnentagen überstrahlt von einem unvergleichlichen Licht – das macht den einmaligen Reiz dieser Inselwelt aus.

Ein Wort zur Europastraße. Vielleicht werden Sie sich wundern, daß eine Straße mit vielen einspurigen Brücken, mit Passagen, wo das große weiße M im blauen Feld Ihnen signalisiert, daß dort ein *möteplass,* ein »Begegnungsplatz« vor einer Engstelle, Ihnen das Aneinandervorbeikommen erleichtert, daß also solch eine manchmal doch etwas bescheidene Straße den hochmögenden Europatitel führt. Na gut, vor kurzem hieß sie schlichter noch R 19, Riksvei 19, und auf den Lofoten finden die meisten Leute, daß man auch weiterhin mit der alten Bezeichnung ganz gut zurechtgekommen wäre. Von dem hochtrabenden neuesten Namen »Kong Olavs Vei« ganz zu schweigen. Anfänglich bestand die Lofotenstraße auf ganzer Länge nur aus Schotter und Ölkies, einspurig fast überall. Und zwischen den Inseln gab es lange Zeit noch Fähren. Manchmal trauern die Einheimischen ihnen ein bißchen nach – wenn mal wieder irgendwo etwas gestohlen worden ist. »Früher gab es sowas nicht!«, sagen die Leute. Und haben recht. Da schloß kein Mensch sein Haus ab, wenn er wegging. Und den Benzinkanister ließ er offen in seinem Boot stehen. »Die Fähren«, sagt Trond Jusnes, lange Jahre der *ordförer,* der Bürgermeister, von Flakstadöy, »waren wie ein natürlicher Filter. Sie versperrten den Fluchtweg.« Aber wiederhaben möchte er sie trotzdem nicht. »Wir hatten es schwer genug, den Anschluß an die rasende Entwicklung unserer Zeit zu schaffen und nun zu behalten und in Oslo nicht vergessen zu werden.« Er weiß, wovon er spricht.

Viele junge Leute zieht es nach Süden, wo es mehr Städte, mehr Kinos, Kneipen und Diskos gibt. Und wo die Winter nicht so lang sind wie hier im Norden, wenn zwischen Anfang Dezember und Mitte Januar die Sonne nicht aufgeht. Gewiß, dafür gibt es zum Ausgleich die Mitternachtssonne von Anfang Juni bis Mitte Juli. *Midnattsol,* sie ist wie eine Droge. Alle schlafen weniger, die Kinder wollen – und brauchen – nicht früh ins Bett. Sonne tanken, heißt die Devise. Heute wird das Defizit an Sonnenlicht im Winter in

Geschichtstabelle

15 000 v. Chr.
Die Gletscher der letzten Eiszeit gehen zurück

4000 v. Chr.
Steinzeitmenschen als Fischer auf den Lofoten mit Booten aus Holzgestellen und Häuten. Fischfang bis in 200 m Tiefe im Meer

500 v. Chr.
Beginn der Eisenzeit. Germanische Besiedlung. Erste Boote aus Holz

vor 800 n. Chr.
Beginn der »Wikingerzeit«. Handel und Raubzüge bis ins Eismeer, nach England, Frankreich und ins Mittelmeer. Blüte des Holzbootbaus. Erster Stockfischexport von den Lofoten

1016
Christianisierung beginnt

1066
Ende der »Wikingerzeit«

ab 1250
Lofotenfischer geraten in Abhängigkeit von der in Bergen herrschenden Hanse, die den Fischhandel kontrolliert. Klassische Lofotfischerei beginnt

um 1350
Schwere Pestepidemie. Nur 200 000 Norweger überleben

1537
Norwegen wird dänische Kolonie: Ausbeutung. Krone und Kirche bringen nach und nach große Teile der Lofoten in ihren Besitz. Not unter den Fischern

1814
Norwegen wird schwedisch. Wirtschaftlicher Aufschwung, aber Fischer bleiben arm. Jetzt Abhängigkeit von den *væreiern*, den Fischhändlern, die ganze Häfen kaufen

ab 1860
Gewaltige Heringsfänge bringen gewissen Wohlstand

1893
»Hurtigrute« schafft ständige Verbindung zu den Lofoten

1905
Norwegen wird unabhängige Monarchie. 25 000 Fischer in der Lofotfischerei. Motorisierung der Flotte beginnt

1930
Die letzten Segel- und Ruderboote werden motorisiert

1940
Norwegen von Deutschen besetzt

1946
Sensationelle Dorschfänge. Dann Überfischung

1963
Lofotstraße verbindet Inseln

ab 1980
Sinkende Erträge, Verschuldung läßt viele Fischer aufgeben. Fangquoten verbessern Fänge etwas. Tourismus blüht auf

1990
Nappstraumtunnel ersetzt letzte Lokalfähre

den Schulen durch Vitamintabletten ausgeglichen. Seitdem sind viele Mangelkrankheiten früherer Tage verschwunden. »Eine stille, sonnige Sommernacht«, sagt der alte Fischer Harald Erichsen aus Ramberg, »das ist wie eine Kur, da vergißt du alle deine Wehwehchen und Kümmernisse.«

Wer die Mitternachtssonne sehen will, braucht nicht nur gutes Wetter, sondern auch eine warme Jacke. Zwar gibt es Nächte, in denen die Temperatur nicht unter 20 Grad sinkt, aber sie sind selten, sehr selten sogar. Mit zehn Grad um Mitternacht ist man noch gut bedient. Und es kann einem passieren, daß bei völlig wolkenlosem Himmel eine kalte blendendweiße Sonne über der See steht, die nicht nur unattraktiv aussieht, sondern meist auch noch mit unangenehmen sechs, sieben Grad einhergeht. Ideal zur Beobachtung sind eine leichte Bewölkung oder Dunst über dem Horizont. Das bedeutet wunderbare Rotfärbung am Himmel und obendrein meist wesentlich wärmere Nächte. Am Tag ist es auch im Sommer nach mitteleuropäischen Begriffen gemeinhin »frisch«, kann aber auch recht warm werden mit über 25 Grad.

Das Wetter wechselt häufig und schnell. Sonne am Morgen garantiert keinen regenfreien Nachmittag. Und ebenso kann auf einen völlig verregneten Vormittag ein strahlend schöner Abend folgen. Dabei kommt es oft zu hohen und schnellen Temperaturschwankungen. Daß es einen ganzen Tag ununterbrochen regnet, ist selten. Und daß es überall auf den Lofoten gleichzeitig regnet, noch seltener. Oft genügt es, die »Seite« zu wechseln, vom Vestfjord zum offenen Meer oder umgekehrt, um einem lokalen Schlechtwettergebiet zu entgehen. Wenn Sie T-Shirt *und* Pullover einpacken und sich darauf einstellen, daß ein Lofotensommer in den Temperaturen etwa einem frühen Herbsttag in Wien, Zürich oder München entspricht, können Sie nicht unangenehm überrascht werden.

Entdecken Sie also die Lofoten! Entdecken Sie die Zauberwelt über dem Polarkreis, wo das unendliche Meer gegen schneegekrönte Berge brandet. Wo die Natur noch Natur ist. Und wo, wie der Dichter Knut Hamsun gesagt hat, Norwegens freundlichste Menschen wohnen. Um die eine zu erleben und die anderen kennenzulernen, fährt man auf die Lofoten. Mehr bieten sie nicht, keine Bars, Diskos, keine Spur von Nachtleben. Mal gibt es eine meist von Touristen, seltener vom nächsten Turistkontor organisierte »Brückenparty« an irgendeinem Hafenbollwerk, mit ein bißchen Gitarre und ziemlich viel Bier. Das ist es dann schon. Keiner vermißt die gewohnte Unterhaltung. Und fast jeder wird wiederkommen: unstillbare Lofoten-Sehnsucht ...

Sie haben es leicht, das alles kennenzulernen: Die E 10, die große Lebensader der Lofoten, nimmt Sie gleichsam an die Hand und führt Sie von Nord nach Süd über die Inseln. Jeder muß sie fahren, es gibt – bis auf ein paar Kilometer – keine Ausweichmöglichkeiten. Darum folgen auch wir ihr in diesem Band, anstatt der sonst üblichen alphabetischen Gestaltung bei Marco Polo.

Von Aquakultur bis zum Schutz der Wale

Von Frauen und Gastfreundschaft, dem Nordlicht und der Mitternachtssonne jenseits des Polarkreises

Aquakultur

Über tausend Jahre lang war die Fischerei mit Angel, Langleine und Netz das Herz allen Wirtschaftslebens auf den Lofoten. Aber dann gingen nach dem Zweiten Weltkrieg die Fänge immer mehr zurück. In der Krise mußten viele Fischer Konkurs anmelden, ihre Boote kamen unter den Hammer. Bis die Aquakultur, die Fischzucht in großen Netzkäfigen, auch an den Küsten der Lofoten neue Hoffnung weckte. Farmlachs aus Norwegen eroberte die Märkte Europas, Amerikas und Asiens. Aber dann sahen zu viele Spekulanten in der Fischmast die Chance zur schnellen Krone.

Längst hatte der Wert an exportiertem Farmfisch die herkömmlichen Fischexporte überflügelt. Da brach der Markt zusammen. Lachs wurde zeitweilig billiger als Dorsch. Die übertriebene Massentierhaltung forderte außerdem Tribut. Wie ein Steppenbrand rasten Fischseuchen von Süd nach Nord die norwegische Küste hinauf. Reihenweise gingen Farmen pleite. Heute hat sich der Markt gesundgeschrumpft, die seriös finanzierten und hygienisch korrekt geführten Betriebe haben überlebt und liefern jetzt wieder fast weltweit Lachse, geräuchert, frisch oder gefrostet. Die Qualität ist meist so hoch, daß zum Ärger norwegischer Züchter einige Länder Lachs aus Norwegen importieren, neu verpacken und ihn als – teureren – »Wildlachs« weiterverkaufen. Farmen findet man heute in fast allen Fjorden und Sunden der Lofoten. Selten stören sie das Landschaftsbild. Nur die großen runden roten Bojen der Netzanker verraten sie.

Lofotenfischer von der Insel Austvågöy: »Seit 70 Jahren im Fisch« sagt er von sich

Boote

Ein Fischkutter ist in Mitteleuropa ein feststehender Begriff: ein kleines, aber seetüchtiges Fischereifahrzeug, mit ein bis sechs Mann Besatzung. Norweger blicken nachsichtig oder unwirsch auf so viel Unwissenheit herab. Ein Kutter ist für sie einzig ein Fahrzeug mit einem platten, senkrecht »abgeschnittenen« Heck.

Alles andere ist ein Boot *(båt)*, egal, wie groß es ist. Und meist sagt man auch zu einem echten »Kutter« noch *båt.* Die sagenumwobenen Nordlandboote, die sich aus den Wikingerschiffen entwickelt haben und bis 1930 noch in Gebrauch waren, findet man jetzt nur noch in Museen: seetüchtige, wenn auch gefährliche Boote, falls überraschend schwerer Sturm aufkam. Da sind im Orkan manchmal 300 Fischer an einem einzigen schlimmen Tag umgekommen. Auch heute bleiben vor den Lofoten jeden Winter Fischer auf See. Die »Saison« ist noch immer ein hartes Geschäft, trotz Überlebenstechnik und aller elektronischen Hilfsmittel in den 6 bis 20 m langen Booten. Sogar computergesteuerte automatische Angeln gehören oft schon zur Ausrüstung.

Familie

Seit Wikingertagen haben die Norweger in Großfamilien gelebt, meist mehrere Generationen unter einem Dach. Das hat sich erst in den letzten Jahrzehnten gewandelt, aber noch heute ist der Zusammenhalt in den Familien eng. Das gilt besonders für eine Inselwelt wie die Lofoten, wo die Generationen zwangsläufig stärker als auf dem Festland aufeinander angewiesen waren. Daß Großeltern Babys hüten, ist selbstverständlich, aber Besuchern fällt auf, daß Schwiegertöchter und Schwiegersöhne in ihren neuen Familien herzlicher als in anderen Ländern Europas aufgenommen werden. Dabei stört sich kaum noch jemand daran, daß die meisten jungen Paare erstmal ohne Trauschein zusammenleben. Heute wird fast die Hälfte aller Kinder außerehelich geboren.

Fischerei

Obwohl ihre wirtschaftliche Bedeutung mit sinkenden Fangmengen und dem Aufkommen anderer Verdienstmöglichkeiten gesunken ist, prägt die Fischerei mit ankernden Kuttern, den »Seehäusern« *(sjöhus)* der Fischaufkäufer, Lagerschuppen und den meist auf Pfählen im Wasser stehenden *rorbuer,* den alten Fischerhütten, noch immer das Bild der Küstenorte. Und obwohl die Zahl der Boote von vielen tausend auf heute knapp 700 Kutter im ganzen Lofot zurückgegangen ist, obwohl der typische Bauernfischer, der von seinem armseligen Hof allein nicht leben konnte und ohne die Winterfischerei vor den Lofoten buchstäblich verhungert wäre, den vergleichsweise wenigen Profis weichen mußte, die das ganze Jahr in oft weit entfernten Gewässern auf Fang gehen – es dreht sich noch immer alles um den Fisch. Ob der Dorsch kommt oder ausbleibt, ob es ein großer oder kleiner Jahrgang ist, welcher Kutter gestern den größten Dorsch angelandet hat, das sind die Meldungen auf Seite 1 der Lokalzeitung »Lofotposten«. Und natürlich die Fischpreise, für die Oslo heute einen Grundpreis garantiert. Nach dem Rekordergebnis 1946 von über 120 000 t *skrei,* wie der Lofoten-Laichdorsch in der Wintersaison von Neujahr bis Ostern genannt wird, gingen die Fänge von Jahr zu Jahr zurück. Rücksichtsloses Überfischen in der Barentssee vor der nordrussischen Küste, wo der Lofotendorsch heranwächst, ehe er zum Laichen nach Süden zieht, brachte vielen Inselfischern den Ruin: Leere Netze und hohe Bankschulden, da läuft das Geschäft schnell auf Grund. Strikte Fangbegrenzung hat inzwischen dazu geführt, daß die Dorschbestände sich erholt haben. Jeder Kutter hat seine Quote. Ist sie »ausgefischt«, muß er im Hafen bleiben.

Frauen

Emanzipation ist für norwegische Frauen kein Thema. Weil sie emanzipierter sind als die meisten anderen Frauen Europas. Das hat Tradition. Wenn die Männer auf Fang waren, bewirtschafteten sie allein die kleinen Bauernhöfe. Schon zu Wikingerzeiten hatte die verheiratete Frau im Familienverband eine starke Position, auch wenn Häuptlinge und Großbauern sich Nebenfrauen leisten durften. Als 1982 mit Gro Harlem Brundtland erstmals eine Frau zum Staatsminister (Regierungschef) gewählt wurde, fand das jeder in Ordnung. Den Titel Staatsministerin lehnte die gelernte Kinderärztin ab. Sie wollte Staatsminister genannt werden. »Daß ich eine Frau bin, sieht man so!« Wie überhaupt Norwegens Frauen keine weiblichen Berufsbezeichnungen wollen. »Das gehört zu unserer Gleichberechtigung«, sagen sie. Krankenschwestern nennen sich *sykepleier* (Krankenpfleger). Zwei Ausnahmen gibt es: Lehrerin *(lærerin)* und Hebamme *(jordmor,* Erdmutter, welch hübscher Name!). Frau Brundtland hat Kabinette mit fünfzig Prozent Frauen geführt, und alle fanden das völlig normal. Ohne sie läuft in Oslo nichts. Ob sie nun gerade Ministerpräsident(in) ist oder die Opposition führt. 1991 sollte sie UN-Generalsekretär(in) werden. Das wollten nicht mal ihre politischen Gegner: »Sie ist für Norwegen viel zu wichtig!«

Fylker

Fylker (Einzahl *fylke*) nennt man die 19 Provinzen (Regierungsbezirke) Norwegens. Die Lofoten gehören zu *Nordland,* mit *Bodö* als Hauptstadt; sie liegt freilich auf dem Festland.

Gastfreundschaft

Von der sprichwörtlichen Gastfreundschaft der Lofotinger hat als erster Chronist der venezianische Kaufmann *Pietro Quirini* im Jahr 1432 berichtet. Er brach im April 1431 von der Mittelmeerinsel Kreta auf, um nach Flandern zu segeln. Im Englischen Kanal sank sein Schiff bei schwerem Sturm. 68 Männer retteten sich in zwei Boote, eines ging unter. Das andere trieb Monate über die Nordsee, die norwegische Küste hinauf, bis es auf einer Klippe bei der kleinen Lofoteninsel Röst strandete. Da lebten noch elf Mann. Röstinger Fischer bargen sie unter Lebensgefahr im Januar 1432, holten sie in ihre Häuser, pflegten sie gesund, ließen sie bei sich überwintern, »in kleinen runden Holzhütten, die nur ein Loch im Dach als Schornstein und Beleuchtung hatten«. Im Frühjahr, bei besserem Wetter, segelten sie die Italiener nach Bodö. Nach Haus zurückgekehrt, schrieb Quirini einen ausführlichen Bericht über die Inselbewohner und ihre Sitten. Und er lobte sie über alle Maßen wegen ihrer unvergleichlichen Gastfreundschaft. Die ist auch heute noch auf den Lofoten für viele selbstverständlich. Der Tourist, der in eine Lofoten-Familie eingeladen wird, erlebt oft unerwartete Herzlichkeit. Gegenleistungen werden selten erwartet, aber dies: ein deutliches, am besten zwei-, dreimal geäußertes Dankeschön an die Hausfrau.

Hilfsbereitschaft

Wer mit dem Auto liegenbleibt oder bei einem Unfall verletzt wird, braucht nicht lange auf Hilfe zu warten. Auf den Lofoten packt in solcher Situation jeder zu. Das ist den Menschen noch selbstverständlich aus der Zeit, als jeder auf seinen Nachbarn angewiesen war und Abschleppwagen, Arzt oder der Rettungshubschrauber aus Bodö noch Zukunftsmusik waren. Das norwegische Berg- und Seenotrettungswesen gilt als eines der besten der Welt.

Jedermannsrecht

Altes Gewohnheitsrecht: Jeder darf sich in der Natur überall, auch mit dem Zelt, frei bewegen, wenn auch nicht gerade in fremden Gärten herumlaufen oder andere behelligen. Mit Zelt oder Wohnwagen mindestens 150 m Abstand zum nächsten bewohnten Gebäude halten. Aufenthalt höchstens 24 Stunden. Achtung: Starke Einschränkungen werden vorbereitet.

Königshaus

Die Monarchie sei eine praktische Einrichtung, finden die meisten Norweger, und auf den Lofoten macht man da keine Ausnahme. Aber für die Leute ist der *kongen* keine überirdische Figur. Er muß es sich sogar manchmal gefallen lassen – und läßt es auch –, daß ihn jemand mit dem heute landesweit üblich gewordenen Du anredet. Wer »Du« und »Sie« umgehen will, sagt zu Landesvater Harald: »Ich hoffe, der König hatte eine gute Reise.« Das ist dann sogar ganz protokollgerecht formuliert.

Kunst

Seit über hundert Jahren haben die unvergleichlichen Motive und das einzigartige Licht der Lofoten Maler angezogen. *Svolvær* und *Reine* waren und sind die bevorzugten Orte. *Gunnar Berg* schuf das siebenteilige Gemälde von der »Schlacht im Trollfjord«, das im Rathaus von Svolvær hängt. Das harte Leben der Fischer gab *Christian Krogh* die von ihm bevorzugten Motive. Unter den zeitgenössischen Malern ist vor allem *Karl Erik Harr* zu nennen, der eine sehenswerte ständige Ausstellung in *Henningsvær* hat. In Svolvær ist das *Kunstnersentrum* mit festen und wechselnden Präsentationen erwähnenswert. Daneben gibt es überraschend viele Laienmaler, auch unter den Fischern, deren Bilder zum Teil beachtliches Niveau erreichen.

Literatur

Knut Hamsun (1859–1952), wegen seiner Kontakte zur deutschen Besatzungsmacht zwar lange Zeit umstritten, heute wegen seines damals schon sehr hohen Alters milder beurteilt, hat als junger Mann in Bodö, auf den Vesterålen und auch den Lofoten in verschiedenen Berufen gearbeitet. In seinem Roman »Landstreicher« (1927) spielt der Lofotfang eine Rolle. Er liegt in deutscher Übersetzung vor. Unter den heutigen Büchern über die Lofotenfischerei ist der hervorragende Bildband »Lofoten« von Frank A. Jenssen (Verlag Lopo Media Forlag, Svolvær) mit norwegischen, deutschen und englischen Texten zu empfehlen.

Mitternachtssonne

Nördlich des Polarkreises (66° 33' Nord) geht die Sonne im Sommer zumindest an *einem* Tag nicht unter. Faustregel: je weiter nördlich, desto mehr Tage mit *midnattsol.* Beispiele: *Bodö 4. Juni bis 8. Juli, Svolvær/Lofoten 28. Mai bis 14. Juli, Nordkap 13. Mai–29. Juli*

Moltebeeren

Die *molter,* oft auch *multer* geschrieben, in beiden Fällen aber »Molter« gesprochen, sind die köstlichsten Früchte des hohen Nordens. Die unscheinbare, nur 10 bis 15 cm hohe, zu den Rosen zählende Pflanze wächst vorzugsweise auf moorigen Heiden. Sie ist geschützt. Die rötlichgelbe Frucht, nur eine je Pflanze, darf allein vom Grundeigentümer gepflückt werden. Auf Staats- oder Gemeindeland haben die nächsten Anwohner dieses Recht. Der Tourist braucht eine Genehmigung vom Eigentümer oder vom Gemeindebüro. Die Früchte haben viel Vitamin C, sind lange haltbar und geben eine vorzügliche Marmelade, die nicht immer zu bekommen ist und viel kostet. Sie ist auf den Lofoten billiger als im Duty Free des Osloer Flughafens!

Nordlicht

Jeder Winter bringt den Lofoten und anderen Gebieten des nördlichen Norwegen das Wunder des Nordlichts. Es entsteht, wenn mit Sonnenwinden Atomteilchen in 70 bis 1000 km Höhe auf die Ionosphäre der Erde treffen. Dann wabern, oft von Horizont zu Horizont, phantastische farbige »Tüllgardinen« tanzend, sich windend, scheinbar sich hebend und senkend über den Nachthimmel. Allerdings: Klar muß der schon sein und möglichst ohne ablenkendes Mondlicht. Um Ostern ist das Phänomen noch gut zu beobachten, im Winter wegen der langen Dunkelheit mit größerer Wahrscheinlichkeit.

Ökologie

Es hilft nichts, viele Norweger sind ziemlich gleichgültig, wenn es um Ökologie geht. Noch immer haben etliche von ihnen, die ja mitten in der Natur leben, das Gefühl, die Natur verkrafte alles. Erst langsam setzt sich die Erkenntnis durch, daß man ausrangierte Autos nicht in tiefen Fjorden versenken und das Altöl vom Motor nicht einfach ins Ufergeröll kippen darf. Die Behörden verlangen jetzt, alle Hausabwässer zu klären. Daß dies dringend notwendig ist, glauben erst wenige: »Das Meer ist doch so groß!« Auf *Vestvågöy* kämpft der Bürgermeister mit Schildern »Haltet die Insel sauber!« um mehr Einsicht. Ein großes Problem sind die abgerissenen und oft Jahrzehnte im Meer treibenden Netze, in denen jedes Jahr ungezählte Seevögel und Meeressäuger beim Tauchen hängenbleiben und dadurch elend ertrinken.

Pflanzen

Der Tourist wird überrascht sehen, daß im Hochsommer in den Hausgärten Tulpen und Flieder, Dahlien und Goldregen gleichzeitig blühen. Das Frühjahr kommt spät und geht schon nach wenigen Tagen in den Sommer über. Da gerät die innere Uhr der Pflanzen durcheinander. Bedingt durch das milde Meeresklima und die unmittelbar an der See steil aufragenden Berge mit ihren sich in der Höhe schnell verändernden Klimazonen wachsen hier Pflanzen nebeneinander, die sonst nur in ganz unterschiedlichen Gegenden gedeihen. Alpine Gewächse ziehen sich stellenweise bis in die Strandzone. Umgekehrt steigen Flachlandpflanzen in erstaunliche Höhe. Häufig auf den Lofoten z.B.: die Rote Lichtnelke *(norweg.: jonsokblom – Silene dioica),* oft am Wegesrand; Wiesenkerbel *(hundekjeks – Anthriscus sylvestris),* sehr verbreitet, blüht Ende Juni weiß, bis 1 m hoch; Löwenzahn *(lövetann – Taraxacum officinale),* kennt jeder, er wächst überall, obwohl die Lofotinger ihn gern ausgerottet hätten – warum, ist ihr Geheimnis; die Wurzel diente früher als Kaffee-Ersatz; Rotklee *(rödklöver – Trifolium pratense),* das lange Tageslicht läßt ihn besonders intensiv blühen; Weißklee *(kvitklöver – Trifolium repens),* vielfach an den Rändern frisch angelegter Wege; Moltebeere *(molte – Rubus chamaemorus), die* Frucht des Nordens; Waldstorchschnabel *(skogstorkenebb – Geranium sylvaticum),* seine rotlila Blüten beherrschen im Juli ganze Wiesen; Wiesen-Hornklee *(tiriltunge – Lotus corniculatus),* seine dottergelben niedrigen Polster leuchten im Juli am Straßenrand; Falsche Kamille *(balderbra – Matricaria perforata),* ähnelt der Margerite, wächst auf schlechtem Boden, am liebsten unter Fischtrockengestellen; Scharfer Hahnenfuß *(engsololeie – Ranunculus acris),* bildet mit anderen Hahnenfußgewächsen im Juni gelbe Teppiche auf den Wiesen; Geflecktes Knabenkraut *(flekkmarihand – Dactylorhiza marculala),* eine Orchidee, besonders auf kalkarmem Boden; Weidenröschen *(geitrams – Epilobium angustifolium),* viele rote Blüten an gut meterhohen Stengeln, früher in Notzeiten als Viehfutter verwendet, zum Mehlstrecken, als Gemüse; Schmalblättriges Wollgras *(duskull – Eriophorum angustifolium),* die weißen Flocken seiner Samen verzaubern vom Sommer bis zum Herbst die Moore; Alpen-Milchlattich *(turt – Cicerbita alpina),* bis 1,5 m hoch, wächst vom Meer bis in die Berge, im August kleine lockere, rötlichbläuliche Blüten, in Notzeiten mit Sauerampfer als Brei gekocht und gegessen; Rosenwurz *(rosenrot – Sedum rosea),* Bergpflanze, 30 cm hoch, fleischige Blätter mit gelblicher Blütendolde, gedeiht noch im Brandungsbereich; Beinbrech *(rome – Narthecium ossifragum),* die kleine Lilie färbt im August die Moore gelb; Stengelloses Leimkraut *(Silene acaulis),* rot blühende flache Polster, vom Ufer bis in die Berge; Strandrettich *(strandreddik – Cakile maritima),* kriechend, weiß blühend, findet sich in allen Strandabschnitten.

Die Bauern betreiben Weidewirtschaft und Kartoffelanbau. Als natürlicher Wald kommen nur noch Birken, meist Krüppelbirken, vor. Der einstige Wald ist durch Klimawandel und Raubbau verschwunden. Eine Wiederaufforstung wird versucht.

Religion

Norweger sind überwiegend Protestanten, evangelisch also. Die Toleranz gegenüber anderen Religionen ist groß.

Rorbuer

Das sind die traditionellen Fischerhütten, meist auf Pfählen, im oder am Wasser gebaut – wörtlich: Steuerruderhaus. Heute werden sie auch als einfache Ferienunterkünfte vermietet – oder neu und komfortabel gebaut.

Schreibweisen
Die Namen von Orten, Fjorden und Landschaften differieren auf Landkarten und in Informationstexten. Die Norweger verweisen auf die unterschiedlichen Quellen, als ihr Land erst dänisch, dann bis vor neunzig Jahren schwedisch verwaltet war.

Sjöhus
Sjöhus-Quartiere sind meist einfache Zimmer im ersten Stock des Arbeits- und Lagerhauses eines Fischhändlers, häufig ohne Dusche und separates WC.

Sport
Die Lofotinger sind sportlich wie fast alle Norweger. Fußball wird überall gespielt, bei der Leichtathletik überwiegen die Laufwettbewerbe, und beim Wintersport steht der Skilanglauf an erster Stelle. In Svolvær gibt es sogar eine beleuchtete Loipe. Einige Orte haben kleine Sprungschanzen. Die Segelei ist in den schwierigen Gewässern nur etwas für Könner. Nicht anders ist das beim Surfen.

Tiere
Säugetiere sind nicht sehr stark vertreten. Elche, die durch den Raftsund schwimmen, kommen nur vereinzelt auf Austvågöy vor. Rotwild, Rentier, Wolf und Bär sind mit dem Wald ausgestorben. Füchse und Wiesel leben auf allen Inseln, ebenso der Nerz, ein »Einwanderer«, aus Farmen entkommen und dann verwildert. Selten wird der Otter beobachtet. Nagetiere sind häufig, vor allem die legendären Lemminge. – Neben 2,5 Mio. Brutvögeln, die aufVæröy und Röst nisten, rasten Unmengen von Zugvögeln auf den Lofoten. Heimisch sind die vielen Watvögel und Enten, von denen die Eiderente wegen ihrer wertvollen Daunen, die gesammelt wurden, früher wirtschaftliche Bedeutung hatte. Den Brachvogel, Rotschenkel und besonders Austernfischer bekommt der Reisende häufiger zu sehen. – Mit dem Dorsch *(torsk, skrei)* steht und fällt seit Jahrhunderten das Leben auf den Lofoten. Dabei muß man unterscheiden zwischen den ständig anwesenden »Lokalstämmen« und den riesigen, im Winter zum Laichen zuwandernden Skrei-Schwärmen. Weitere Fischarten (auch für Angler): Köhler/Seelachs *(sei)*, Lengfisch *(lenge)*, Lumb *(brosme)*, Schellfisch *(hyse)*, Heilbutt *(kveite)*, Lachs *(laks)*, Forelle *(örret)*.

Wale
Walfang und »Robbenschlagen« haben auf den Lofoten Tradition. Oslo kämpft um eine Quote von Abschußgenehmigungen für die Fänger von Zwergwalen auf den Inseln Skrova (vor Svolvær) und Andöy/Vesterålen. Die internationalen Tierschutzverbände im Verein mit den meisten Regierungen dagegen möchten die Wale ganz geschützt sehen. Robben leben in geringerer Zahl ständig an den Küsten der Inseln. In manchen Jahren, wenn in den angestammten Revieren vor Grönland und Island die Beute knapp ist, tauchen sie in solchen Mengen auf, daß sie zur Plage werden.

Frischer Fisch in jeder Version

Wo Meeresgetier das Leben bestimmt, regiert es auch das Geschehen in Kochtopf und Pfanne

Essen

Lofoten und Fische gehören zusammen. Das gilt nicht nur für die Wirtschaft, es gilt ebenso für die Küche. Obwohl es in den Supermärkten Fleisch aus der Konserve oder gefrostet in einem breiten Angebot gibt, ist Fisch das wichtigste Nahrungsmittel. Nicht nur die Hausfrauen, auch die Restaurantköche der Inseln wissen aus Fisch delikate Gerichte zu zaubern. Wobei eine private Einladung meist noch höhere Gaumenfreuden verspricht als ein Restaurantbesuch.

Der Hauptgrund: Keine Lofoten-Hausfrau würde je einen Fisch in Pfanne oder Kochtopf geben, der nicht wirklich frisch ist. So wird schlichter gekochter Dorsch *(torsk)* eine Delikatesse, gebratene Heilbuttschnitte *(kveite)* ein Hochgenuß, das Alltagsessen gekochter *sei* (Seelachs, Köhler) ein zwar nicht sehr originelles, aber wegen seiner unverfälschten Reinheit angenehmes Gericht. Wo Sie *breiflabb* (Seeteufel) bekommen können, greifen Sie zu! Der Fisch sieht furchterregend aus, schmeckt aber phantastisch. Ähnliches läßt sich vom *steinbit* (Seewolf) sagen.

Ein Kapitel für sich: Lachs *(laks)*. In den Jahren der Überproduktion sind viele Farmen zusammengebrochen. Wer überlebt hat, liefert heute Qualität, die in der Küche in unterschiedlicher Weise zubereitet wird: gekocht, gebraten, mariniert. Und natürlich geräuchert. Da gibt es riesige Unterschiede. Probieren Sie, ehe Sie kaufen. Der Verfasser schätzt besonders den Räucherlachs, der in dem altertümlichen Krämerladen von *Nusfjord* (Insel Flakstadöy) verkauft wird. Die Räucherei ist gleich nebenan in einem alten *sjöhus*. Der Lachs dort ist fester und einen Hauch trockner als die meiste andere Ware. Man sagt, der Zucker, der beim Salzen zugesetzt wird, spiele eine Rolle. Bedenken Sie aber immer: Was heute gilt, braucht nächstes Jahr schon nicht mehr zu stimmen. Vielleicht hat der Räuchermeister den Job gewechselt und *sein* Rezept mitgenommen.

Letztes Wort zum Thema Fisch: In jedem Laden gibt es *fiskeboller* zu kaufen, Fischklopse, ge-

Keine moderne Kunst, sondern ein Trockenfischgerüst in Stamsund

frostet oder im Glas. Die Fabrikware ist oft langweilig. Von einer Hausfrau nach altem Familienrezept zubereitet, können die Boller aber delikat sein. Beim Fleisch ist Schaf (*sau*, heißt wirklich so) ein typisches Lofotenessen, zusammen mit Kohl gekocht, ebenso rustikal wie wohlschmeckend. Eine Spezialität: luftgetrocknete gepökelte Hammelkeule *(spekemat)*. Da scheiden sich die Geister.

Die häusliche Küche ist interessanter als die der Restaurants. Das kann in einer Region, in der es so wenig Möglichkeiten zum Essengehen gibt, nicht anders sein. Grundsätzlich aber läßt sich sagen, daß man in den Restaurants der Hotels ordentlich – meist mit Hausmannskost, selten origineller –, wenn auch teuer verpflegt wird. Fischgerichte gelingen oft besser als die mit Fleisch. Wo es Selbstbedienung gibt, kommen Sie billiger davon. Noch günstiger an Kiosken.

Trinken

Obwohl den Norwegern gern nachgesagt wird, sie seien alle Alkoholiker – so schlimm ist es nicht. Der Pro-Kopf-Verbrauch ist knapp halb so hoch wie im bierfreudigen Deutschland und liegt hinter dem der Franzosen. Statistisch gesehen. Allerdings ist darin nur der staatlich erfaßte Alkohol aufgeführt. Von geschmuggeltem und schwarz gebranntem schweigt des Sängers Höflichkeit. Jedenfalls sind Schnaps, Wein und Bier sündhaft teuer. Schlechter Wein kostet auch in einfachen Lokalen völlig ungerechtfertigt ein Vermögen. Ein Glas Bier von 4/10 Liter ist dort nicht unter 40 nkr zu haben. Schnaps gibt es außer in den wenigen Restaurants mit voller Schankkonzession nur im *Vinmonopolet.* Die staatliche Verkaufsorganisation unterhält auf den ganzen Lofoten eine einzige Ausgabestelle in Svolvær, anheimelnd eingerichtet wie ein

Wo »Rom« am Haus steht, gibt es Zimmer und meist auch Essen

Steuerbüro. Die Flasche Linie-Aquavit *(akevitt)* kostet dort über 280 nkr. Passables Flaschenbier geringerer Stärke kann man im Supermarkt bekommen – auch teuer.

Zu Haus werden zu den Mahlzeiten vielfach Milch, Fruchtsäfte oder ganz einfach Wasser getrunken. Und Kaffee! Er ist das wichtigste Getränk der Norweger, zu jeder Tages- und Nachtzeit. Wenn nach einer der üblichen abendlichen Einladungen zu Kaffee und Kuchen die Gäste gegangen sind, gibt es ganz privat vor dem Schlafengehen schnell noch eine Tasse frischgebrühten Kaffee. Zur Beruhigung.

Seinen Fisch fängt man immer

Ein paar Rezepte

Wenn Sie »lofotisch« kochen wollen, hier vier Rezepte:

Gekochter Törrfisk: 600 g getrockneten Dorsch ca. 1 Woche wässern; laufendes Wasser oder Wasser zweimal tgl. wechseln. Ergibt über $1\frac{1}{2}$ kg Fischfleisch, waschen, Haut abziehen und Fisch in passende Stücke schneiden. In 3 l kaltem Wasser mit 2 dl Salz aufsetzen, leicht aufkochen und in abgedecktem Topf bei schwacher Hitze 10 Min. ziehen lassen. Servieren mit gekochten Kartoffeln und Mohrrüben und gebratenen Speckwürfeln.

Sei-Karbonader (Seelachsfrikadellen): 1 kg Fischfleisch, 20 g Salz, 30 g Kartoffelmehl, $\frac{1}{2}$ l Sahne, gehackte Zwiebel, $\frac{1}{2}$ Tl Pfeffer. Fisch zweimal durchdrehen (Fleischwolf oder Küchenmaschine) mit Mehl und Gewürz, schnell mit Sahne verdünnen, flache große Frikadellen in Butter braun braten. Dazu Kartoffeln, Kohl und Zwiebelbutter.

Gebratene Dorschleber: Dorschleber ohne Haut, 100 g pro Person, waschen, gut trocknen. In gestoßenem Zwieback, Salz und Pfeffer wenden und in Butter von allen Seiten braun braten. Dazu Kartoffeln, geraspelte rohe Mohrrüben und Preiselbeermarmelade.

Kveite (Heilbutt) in Kohl: Kleinen Kohlkopf zerteilen und in etwas Wasser ankochen. Kohl und $\frac{3}{4}$ kg zerteilten Heilbutt schichtweise in feuerfeste Form legen, dazwischen etwas Mehl, Salz und weißen Pfeffer. Vom Kohlkochwasser soviel in die Form geben, daß Kohl und Fisch bedeckt sind. Nun die Form mit Folie abdecken und bei 200 Grad 20 Minuten im vorgeheizten Ofen garen lassen. Zu diesem typisch nordnorwegischen Gericht gibt es gekochte Kartoffeln und *flatbröd.* Wenn es ganz zünftig sein soll, begnügt man sich mit Wasser als Getränk.

Wer mag, bringt einen Stockfisch mit

Originelle Souvenirs sind rar, aber wer ein bißchen sucht, findet doch etwas Ausgefallenes

Ein typisches Lofoten-Souvenir zu entdecken, ist nicht einfach. Wer Geld ausgeben möchte, findet in den Geschäften von Svolvær, Kabelvåg und Leknes gute Pullover und Wolljacken, Schmuck und Holzgeschnitztes. Teurer wird ein Bild aus den Galerien der Insel Austvågöy.

Beliebtes Ziel für Einkäufe ist Nordnorwegens einzige Glashütte in Vikten auf der Insel Flakstadöy. Der Inhaber macht eigenwillige Glasbläserarbeiten und kreiert auch sonst künstlerisch Anspruchsvolles. Seine Frau dreht auf der Scheibe alles, was sich aus Ton herstellen läßt. Noch drei Quellen auf Flakstadöy: Die *Galerie Lofotkunst* in Ramberg verkauft Bilder, Seidenmalerei, Schmuck und Repliken hölzerner Gebrauchsgegenstände. In Myrland, nicht weit vom Nappstraumtunnel, ist ein hervorragend arbeitender, nicht zu teurer Drechsler am Werk, der Abstecher lohnt sich. Und in Sund schwingt der schon legendäre Schmied den Hammer und zaubert aus glühendem Eisen Kormorane. Die Vögel macht er in jeder Größe.

Ganz im Norden von Austvågöy arbeitet noch ein anderer Kunsthandwerker: In Strönstad am Morfjord schneidet ein Holzschnitzer kleine »Marmel«, im Meer lebende Wichtel. Gehen sie einem Fischer ins Netz, soll guter Fang garantiert sein. Vorausgesetzt, der Marmel bekommt einen wollnen Fäustling geschenkt, um sich darin im kalten Wasser zu wärmen. Profaner, aber typisch ist ein süßes Mitbringsel: ein Glas der seltenen Moltebeermarmelade, ziemlich teuer in den Supermärkten.

Und schließlich: Von Inseln, auf denen sich alles um den *törrfisk* dreht, müßte man eigentlich einen dieser knochentrocknen Stockfische mitbringen. Wer kräftigen Geruch in Koffer und Küche nicht scheut, mag das tun. Einfacher geht es mit den eingeschweißten kleinen Probierportionen, die es in Läden, Touristbüros oder an Museumskassen gibt. Das rohe, mürbe geschlagene Fischfleisch wird wie Kaugummi gekaut. Für die Lofotinger war dies jahrhundertelang der einzige Zwischendurch-Leckerbissen.

Töpferin in Vikten auf Flakstadöy

Zu »Jonsok« steigt das große Fest

Lofotinger verstehen zu feiern – besonders im Sommer, wenn die Mitternachtssonne scheint

OFFIZIELLE FEIERTAGE

Nationalfeiertage: 1. Januar und 17. Mai, *Gründonnerstag, Karfreitag, Ostern,* 1. Mai, *Himmelfahrt, Pfingsten* und *Weihnachten*; außerdem *jonsok,* am 23. Juni, die Sommersonnenwende.

REGIONALE FESTE

Viele örtliche Sommer-Veranstaltungen verschieben sich in den Terminen von Jahr zu Jahr. Sie stehen im Programmheft »Lofoteventyret« (Touristenbüros).

★ *Sommer-Konzerte:* In der Saison finden sie in den Kirchen von Svolvær, Kabelvåg (Vågan Kirke), Henningsvær, Stamsund, Hol, Borge, Flakstad, Reine, Röst statt.

Sie ist wie eine Droge – die Mitternachtssonne im Sommer

Sport: Juni oder Juli, *Vestfjordregatta* für Segler von Bodö nach Svolvær. – Juli, *Vågekallen-Volkslauf* von Kabelvåg nach Henningsvær. – Juli, *Windsurfregatten* vor Gravdal und Ramberg.

Juni

★ *Jonsok* (Johannisnacht): Am 23. Juni ist der längste Tag, an dem die *midnattsol* am höchsten steht, dann finden die *Mitsommerfeiern* statt. In manchen Orten werden am Strand große Feuer gemacht.

Juli

Angelfestival in Svolvær; *Lofotmesse* in Leknes; *Ballstad-Tage* in Ballstad; *Draugtage* (Dorffest) in Fredvang bei Ramberg; *Jazzkonzert* in Digermulen; *Fischfestival* in Reine.

August

Stockfischfest in Henningsvær.

MARCO POLO TIPS FÜR FESTE

1 Sommer-Konzerte
Besonders schön in den Kirchen
(Seite 29)

2 Jonsok
Wenn die Mitternachtssonne am höchsten steht
(Seite 29)

Wo das Herz der Lofoten schlägt

Hier gibt es nicht nur den meisten Fisch, sondern auch die einzige Stadt und die größten Hotels

Da hat einer Glück gehabt. Während das Postschiff der Hurtigrute in Stamsund ab 19 Uhr eine halbe Stunde am Kai liegt, ist der Tourist mit dem *overstyrmann*, dem 1. Offizier, ins Gespräch gekommen. Und der hat ihn anschließend auf die Kommandobrücke mitgenommen, zur Fahrt entlang der Lofotenwand nach Osten, vorbei am trutzigen, sagenumwobenen Berg Vågekallen und der vorgelagerten geschäftigen kleinen Fischerinsel Henningsvær, vorbei am einstigen Lofotzentrum Kabelvåg bis nach Svolvær, dem Hauptort auf der Insel Austvågöy (gesprochen Östvogöy). Der einzige Ort, der

Eine Bootsfahrt entlang der Vestfjordküste enthüllt den ganzen Zauber Austvågöys

Hotel- und Restaurantpreise

Hotels
Kategorie 1: über 100 Mark
Kategorie 2: 50 bis 100 Mark
Kategorie 3: bis 50 Mark
Die Preise gelten für eine Person im Doppelzimmer mit Frühstück pro Nacht. Am billigsten wohnt man in Hütten, in Rorbuern, in Privatquartieren oder in den allerdings oft primitiven »Sjöhus«-Zimmern.

Restaurants
Kategorie 1: über 50 Mark
Kategorie 2: 30 bis 50 Mark
Kategorie 3: unter 30 Mark
Die Preise gelten für ein Essen mit drei Gängen mit alkoholfreiem Getränk. Alkohol ist teuer. Selbstbedienungsrestaurants oder Imbißstände sind preiswerter. Feste Öffnungszeiten gibt es meistens nicht.

Wichtige Abkürzungen

g.	(gate oder gata)	Straße
pl.	(plass)	Platz
v.	(vei)	Weg, Straße

sich mit einigem Recht Stadt nennen darf.

Es ist eine Strecke von solch grandioser Schönheit, daß sie die Passagiere stumm macht. Manchmal taucht die Abendsonne für Minuten hinter einen schroffen Felsgipfel, zeichnet ihn dann wie einen Scherenschnitt gegen den Nordhimmel, überflutet danach wieder das Gewirr der kleinen Inseln und Holme vor der Küste, zaubert ständig wechselnde Lichteffekte aufs Meer. Überhaupt, dieses Licht! Spielt das Wetter mit, wird einem hier verständlich, warum es schon vor hundert Jahren so viele Maler auf die Lofoten zog, um die Faszination dieses unglaublichen Lichts auf die Leinwand zu bringen. Und sie kommen immer noch.

Wer jemals auf die Lofoten gereist ist, wird die Ankunft nicht vergessen. Vorausgesetzt, das Wetter spielt ein bißchen mit. Die meisten Urlauber werden über Svolvær auf die größte und nordöstlichste Insel Austvågöy einreisen. Wenn man mit dem Flugzeug von Bodö kommt, gibt es meist in Leknes auf Vestvågöy eine kurze Zwischenlandung, dann geht es auf dem gleichen Kurs weiter, den auch das Schiff nimmt. Doch der Anblick ist eher noch großartiger. Wie ein Riesenspielzeug liegt die zerklüftete Küste unter der niedrig fliegenden Maschine. Kenner passen schon vor dem Start auf dem Festlandsflughafen Bodö auf, daß sie einen Platz auf der linken Seite des 40sitzigen Wideröe-Flugzeugs ergattern oder beim Zwischenstopp in Leknes den Sitz wechseln. Man sieht die Uferstraße sich mühsam zwischen Fels und Meer dahinschlängeln, sieht die Fischkutter in ihren winzigen Häfen, das dunkle Blau oder Grau des tiefen Wassers, das Smaragdgrün der Untiefen, die leuchtende Helle der wenigen ganz kleinen Sandbuchten.

Nimmt man statt des Flugzeugs die Autofähre von Skutvik

MARCO POLO TIPS FÜR AUSTVÅGÖY

1 Bootsfahrt Trollfjord
Der schönste Abschnitt der berühmten Hurtigrute. Von Svolvær fahren Ausflugsboote (Seite 38)

2 Kabelvåg
Einst Zentrum der Lofotfischerei, heute altertümlicher Hafen (Seite 39)

3 Lofotakvariet
Neu ist das hervorragend ausgestattete Lofot-Aquarium (Seite 40)

4 Lofotmuseet
Im alten Herrensitz von Storvågan ist das Lofot-Museum untergebracht (Seite 40)

5 Henningsvær
Einzigartig ist der auf winzigen Felsinseln zusammengedrängte Fischerhafen (Seite 42)

6 Insel Gimsöy
Von der Nordküste aus Traumblick auf die Mitternachtssonne (Seite 44)

an der Festlandsküste nach Svolvær, so fährt man zwei Stunden über den breiten Vestfjord, der einem wie offene See erscheint, *lofotveggen* entgegen: der Lofotwand. Die liegt erst als gezackter bläulicher Rücken im Dunst über dem Horizont, um sich beim Näherkommen wie von Zauberhand mehr und mehr in Hunderte von Bergen und Inseln, Sunden und Fjorden aufzulösen. Möglicher Nachteil dieser Route: Bei stürmischem Wetter können die zwei Stunden für Nicht-Seefeste ziemlich lang werden. Noch kürzer, aber von ähnlich dramatischer Schönheit, ist die Schiffsreise, wenn man die Europastraße 10 über die Vesterålen und die Autofähre von Melbu nach Fiskeböl wählt. Das sind zwar mehr Straßenkilometer, aber nur eine – preisgünstige – halbe Stunde auf dem Wasser. Doch was für eine halbe Stunde! Lofoten pur mit tiefen Fjorden zwischen steil aus der See emporwachsenden Bergen, auf denen meistens ein bißchen Schnee den Sommer überdauert.

Welchen Weg Sie auch genommen haben, nun sind Sie also auf Austvågöy (wörtlich: Ostbuchtinsel), dem wirtschaftlichen Herzstück der Lofoten seit alters her. Heute auch dem touristischen mit den meisten Hotels. Ehe Sie sich die Insel näher ansehen, muß eine Merkwürdigkeit erklärt werden. Eine Ecke im Nordosten von Austvågöy gehört nicht zu den Lofoten, sondern zu den Vesterålen, während ein Teil der Vesteråleninsel Hinnöy wiederum zur großen Lofotengemeinde Vågan zählt, deren Kern – fast ganz – Austvågöy bildet. Ganz schön kompliziert!

Zu Vågan gehören, um die Sache noch ein bißchen unübersichtlicher zu machen, auch ein paar kleine, Svolvær vorgelagerte Inseln im Vestfjord, außerdem südwestlich von Austvågöy das winzige, aber wirtschaftlich seit langem bedeutende Eiland von Henningsvær und die Insel Gimsöy am Übergang nach Vestvågöy. Das alles erklärt sich aus den Verhältnissen vergangener Tage. Da gab es in Zeiten ohne jede Straße und nur dem Boot als einzigem Transportmittel manchen Ort, der besser von der Nachbarinsel aus zu erreichen war. Und darum auch von ihr versorgt wurde und deshalb bis heute verwaltet wird.

Austvågöy und die erwähnten Gebiete der Umgebung bilden also zusammen die Gemeinde Vågan. Der Traditionsname stammt aus sehr alter Zeit. Vågan war im Mittelalter der bedeutendste Hafen der Insel und Mittelpunkt der frühen Lofotenfischerei. Mit 477 qkm ist es heute als Gemeinde der größte Verwaltungsbezirk des Archipels. Von ihren 9500 Bewohnern leben 4000 in Svolvær, dem Dienstleistungszentrum, Sitz von Behörden und Polizeidirektion, Distriktstadt, ohne amtlich Stadtrechte verliehen bekommen zu haben. Die Norweger nennen solche städteähnlichen Ansiedlungen *tettsted.* Anders als auf den meisten Inseln haben sich auf Austvågöy zwei recht eigenständige Orte herausgebildet: Kabelvåg und Henningsvær. Keiner der drei gleicht dem anderen. Alle liegen nach Süden zum Vestfjord hin, von Bergen gegen die ruppigen Winde des offenen Nordmeers geschützt.

Die Insel ist felsig mit Gipfeln bis zu einer Höhe von über 1000 m. Landwirtschaft spielt nur eine untergeordnete Rolle. Die Fischerei bildet nach wie vor das Rückgrat der Wirtschaft. Vågan ist die zweitgrößte Fischereigemeinde Nordnorwegens. Bei den Fischzuchtbetrieben und Lachsfarmen liegt sie sogar an der Spitze. Entsprechend bedeutend sind alle Zweige der Fischverarbeitung, ebenso die Bau- und Reparaturwerften für die Fischereiflotte. In Vågan konzentriert sich auch das kulturelle Leben der Inseln, das in vielen Vereinen gepflegt wird. Aber auch etliche Berufskünstler, besonders Maler, sind hier ansässig. Das Nordnorwegische Künstlerzentrum in Svolvær bietet jungen Malern und Grafikern die Chance für erste Ausstellungen.

Svolvær hat die meisten Hotels, zum Teil ganz moderne, die meisten Geschäfte, ein gläsernes Einkaufszentrum mit allem Drum und Dran, den stärksten Schiffs- und Autoverkehr, und es ist in den letzten hundert Jahren der wichtigste Fischereihafen der Inseln geworden. Darüber hinaus ist es Ausgangspunkt für viele Ausflüge zu Wasser und Land. Und schließlich: Mittelpunkt sportlicher Aktivitäten, vom Skilaufen im Winter, Bergsteigen im Sommer, Angeln, Surfen, Segeln und seit ein paar Jahren auch Hochseerafting – Wellenreiten in seetüchtigen Schlauchbooten, etwas für Seefeste und Leute mit intakten Bandscheiben. Svolvær löste als Fischereizentrum das traditionsreiche benachbarte Kabelvåg ab, als dessen Hafen um 1915 modernen Anforderungen nicht mehr genügte. Aber der Ort blieb erhalten und bewahrt in seiner Struktur das Bild eines alten Lofotenhafens mit engen natürlichen Felsbuchten und verwinkelten Gassen. Kabelvågs *Lofot-Kathedrale* von 1898, direkt an der Europastraße 10 am Platz des einstigen Ortes Vagån gelegen und Norwegens größte Holzkirche nördlich von Trondheim, dokumentiert noch in unseren Tagen Reichtum und frühere Bedeutung des Hafens.

Gleich westlich von Kabelvåg liegt auf historischem Boden Storvågan. Im 19. Jh. einer der größten Handelshöfe, beherbergt das weiße Herrenhaus heute den Kern des ausgedehnten Lofot-Museums. Nur wenige Minuten Fußwegs entfernt ist 1989 das neue Lofot-Aquarium entstanden.

Alle bisher genannten Orte haben einen Nachteil: Man kann dort die Mitternachtssonne nicht sehen, die sich hier auch im Hochsommer hinter Bergen versteckt. Sie scheint nur über den Fischersiedlungen der Nordküste von Austvågöy und der kleinen Insel Gimsöy. Die sind jedoch, teils auf zwar kurvigen Straßen, mit Auto oder Bus ohne große Probleme zu erreichen. Gut ausgebaut und zügig zu befahren ist die Europastraße 10 von Fiskeböl im Nordosten über Svolvær, Kabelvåg und Gimsöy bis zur Brücke hinüber nach Vestvågöy. Sie führt dann weiter über die ganzen Lofoten bis nach Å im Südwesten von Moskenesöy. Dorthin sind es von Fiskeböl 166 km – die weiteste Strecke, die man auf den Lofoten fahren kann. Bei Fiskeböl wird in einigen Jahren die kühn geplante Straße beginnen, mit der die Lofoten durch Tunnel und über

Brücken eine feste Landverbindung zu den Vesterålen und nach Narvik erhalten sollen.

SVOLVÆR

(**D 4**) Die Verwaltungs-»Hauptstadt« der Lofoten ist mit 4000 Ew. größter Ort: Behördensitz, Einkaufszentrum und inzwischen auch touristischer Mittelpunkt, mit den wichtigsten Hotels der Inseln, von denen einige direkt im Hafengebiet liegen. Der weitläufige Hafen ist heute der größte Fischumschlagplatz der Lofoten. Allerdings mit geringerem Anteil an der traditionellen *törrfisk*-Produktion als in anderen Häfen: Hier werden Filets gefrostet, Konserven gemacht, es gibt eine Fischmehl- und Fischölfabrik. In Svolvær fahren die Busse zu den übrigen Inseln ab, aber auch die Fernlinien über die Vesterålen nach Narvik mit Anschluß an die Nordroute, die bis Kirkenes führt, und nach Fauske, wo die Nordlandbahn Bodö – Trondheim – Oslo erreicht wird. Abfahrt aller Linien vom Busbahnhof hinter der Post.

Im Hafen legen jeden Abend die Postschiffe der berühmten Hurtigrute »nord- und südgehend« an. Seetüchtige Expreßboote verkehren von Svolvær nach Stokmarknes (Vesterålen), Bodö und Narvik. Für alle Autofähren, auch die nach Skutvik auf dem Festland, ist ein neuer Anleger am westlichen Ortsrand gebaut worden. Die Ausflugsboote haben ihre Kais am Marktplatz im Ortszentrum. Dort ankern auch die kleinen Wasserflugzeuge, die man wie ein Taxi nimmt, zu Rundflügen oder auch um schnell auf eine andere Insel zu kommen. Das ist allerdings teuer. Der öffentliche Flughafen liegt 6 km außerhalb an der E 10 Richtung Fiskeböl. Flugverbindungen bestehen mehrmals täglich nach Bodö.

Wie fast alle Orte auf den Lofoten zwängt sich auch Svolvær zwischen Meer und Fels, der dicht hinter dem Ort steil aufsteigt. Bei einem Spaziergang durch die Stadt lohnt ein Gang zum Rathaus mit dem siebenteiligen Gemälde von Gunnar Berg: »Die Schlacht im Trollfjord«. Anfang dieses Jahrhunderts lieferten sich die Bootfischer mit den Besatzungen der ersten Fischdampfer blutige Kämpfe um die besten Fangplätze. Im Felsgewirr über der Stadt schwer zu entdecken – das Wahrzeichen *Svolværgeita,* die Svolværziege, ein hornartig geformter Doppelfelsen, der von Könnern gern bestiegen wird, die dann von einem »Horn« zum anderen springen.

BESICHTIGUNGEN

Dagfinn Bakkes Galleri

Der Maler, Grafiker und Zeichner Dagfinn Bakke zeigt seine sehenswerten Arbeiten aus dem Lebensraum der Lofoten in eigener Galerie in der *Roald Amundsens g. 17, Mo–Fr 11–16, Sa 11 bis 14 Uhr, So geschl., Eintritt frei*

Nordnorsk Kunstnersentrum

Auf der kleinen Insel *Svinöy* im Hafen, zu der eine Brücke führt, liegt das Künstlerzentrum mit wechselnden Ausstellungen. (In der Nähe auch das von einer schwedisch-norwegischen Stiftung getragene *kunstnerhus,* in

Der Blick auf den Hafen von Svolvær mit den typisch rotbraunen Holzhäusern

dem von einer Jury ausgewählte Stipendiaten aus ganz Europa arbeiten.) *Kunstnersentrum: Di–So 10 bis 16 Uhr, im Sommer auch abends, Eintritt 20 nkr, Kinder 10 nkr*

RESTAURANTS

Restaurant China
Das Restaurant des Vestfjord Hotels direkt am Kai. Alle Schankrechte. *Fisker g. 46, Tel. 76 07 28 11, Kategorie 2*

Hotel Havly
Das Restaurant des Hotels wird viel von Einheimischen besucht. Alle Schankrechte. *Sjög., Tel. 76 07 03 44, Kategorie 2*

Havna Gatekjökken
Wer auf den Geldbeutel achten muß, kommt an dem Fast-food-Kiosk, der »Straßenküche«, am besten weg. *Sivert Nilsens g. 13, Tel. 76 07 13 59, Kategorie 3*

Rica Hotell Svolvær
Hotelrestaurant mit schönem Blick auf den Hafen. *Insel Lamholmen, Tel. 76 07 22 22, Kategorie 1*

Royal Hotel Lofoten
Für gehobene Ansprüche. Alle Schankrechte. *Sievert Nilsens g. 21, Tel. 76 07 12 00, Kategorie 2*

Stuene Café og Restaurant
Hier ißt man relativ preiswert. *Torgg. 8, Tel. 76 07 26 40, Kategorie 2*

Svolvær Hotell Lofoten
Die beste Küche der Lofoten offeriert das Restaurant dieses Hotels. *Austnesfjord g. 12, Tel. 76 07 19 99, Kategorie 1–2*

EINKAUFEN

In den Straßen um den Marktplatz am Hafen liegen Geschäfte aller Art und auch das neue gläserne Einkaufszentrum *Arkaden (zwischen Markt und Storgate),* wo von Advokat und Apotheke bis hin zum Zeugladen alles unter einem Dach vereinigt ist. Überraschend großzügig für eine Kleinstadt wie Svolvær! Auch ein Café ist im ersten Stock. Hier kann man bei schlechtem Wetter sitzen und Leute begucken.

Husfliden, landesweit anzutreffende Geschäfte für heimische Strickwaren, Schnitzereien, Seidenmalerei und Gebrauchskunst, sind auch in Svolvær vertreten: *Roald Amundsens g. 11*

ÜBERNACHTUNG

Hotel Havly
Ein bürgerliches Haus, das unter anderem wegen seiner verhältnismäßig vielen Einzelzimmer beliebt ist. *53 Zi., Sjög., Tel. 76 07 03 44, Fax 76 07 07 95, Kategorie 2*

Havna Hotel
Einfacheres, aber ordentliches Hotel garni. 31 Zimmer mit Dusche/WC. *O. J. Kaarbös g. 5, Tel. 76 07 10 55, Fax 76 07 28 50, Kategorie 2*

Knutmarka Feriesenter
13 Hütten mit insgesamt 92 Betten. *Leirskolevei 10, Tel. 76 07 21 64, Fax 76 07 26 32, Kategorie 2–3*

Marina Hotel
Sommerhotel mit 77 Zimmern, aber nur wenigen Einzelzimmern. *27. Mai–31. Aug., Repslagerg. 30, Kategorie 2*

Marinepollen Sjöhus
Sehr einfaches Quartier. *Jektvei, Tel. 76 07 18 33, Fax 76 07 17 58, Kategorie 3*

Rica Hotell Svolvær
Ganz neu auf der winzigen Insel Lamholmen (nördlich des Marktes), tolle Lage. *1. April–1. Okt., 147 Zi., April–Sept., Tel. 76 07 22 22, Fax 760 70 01, Kategorie 1*

Royal Hotel Lofoten
Angenehmes, gut geführtes Haus. *48 Zi., Sivert Nilsens g. 21, Tel. 76 07 12 00, Fax 76 07 08 50, Kategorie 2*

Svinöya Rorbuer
Elf Fischerhütten im Hafenbereich von Svolvær. *Gunnar Bergs vei 2, Tel. 76 07 06 33, Fax 76 07 21 11, Kategorie 3*

Svolvær Hotell Lofoten
Kleines, aber stark besuchtes, modern eingerichtetes Hotel. Braucht man ein bestimmtes Juli-Datum, sollte man spätestens im März buchen. *24 Zi., Austnesfjord g. 12, Tel. 76 07 19 99, Fax 76 07 09 09, Kategorie 2*

Svolvær Sjöhus
Einfach. Bettwäsche wird extra berechnet. *Parkg., Tel. 76 07 03 36, Kategorie 3*

Vestfjord Hotel
Modernes Hotel direkt am Kai der Hurtigrute, das wie alle Hotels in Svolvær stark von Reisegruppen gebucht wird. In der Saison deshalb rechtzeitig reservieren! *63 Zi., Fisker g. 46, Tel. 76 07 08 70, Fax 76 07 08 54, Kategorie 2*

AM ABEND

Ein irgendwie geartetes Nachtleben gibt es auf Austvågöy nicht (das gilt gleichermaßen auch für alle anderen Inseln). Was bleibt, ist ein Bier im Hotel oder ein mitgebrachtes Schnäpschen in der gemieteten Hütte oder dem *rorbu* am Hafen. Es sei denn, Sie haben Norweger zu Freunden gewonnen, werden in deren Haus eingeladen – meist mit wenig Alkohol, aber ganz viel Kaffee und Kuchen. Doch wenn die Sonne scheint, geht oder fährt alles, den Zauber der Mitternachtssonne zu erleben.

AUSKUNFT

Destination Lofoten
Touristen-Service, auch Ticket-Verkauf, Bootsbestellung usw.: *Am Marktplatz am Hafen (Südseite), Mo–Fr 8–16 und 17–22 Uhr, Sa 9–13.30 und 17–20, So 13.30–16 und 17–20 Uhr. Postbox 210, N 8301 Svolvær, Tel. 76 07 30 00, Fax 76 07 30 01*

Wichtige Rufnummern in der Gemeinde Vågan: *Arzt 76 07 10 00, nach 17 Uhr: 76 08 00 00 oder 113, Apotheke 76 07 08 55, Polizei 76 07 01 77 oder 112, Feuerwehr 76 07 10 00 oder 110, Flughafen 76 07 02 85*

ZIELE IN DER UMGEBUNG

Bootsfahrt Trollfjord
★ Auf Platz 1 der Touristenwünsche rangiert mit Recht eine Bootsfahrt durch den *Raftsund* und in den *Trollfjord*. Diese engen, sehr dramatischen Wasserstraßen zwischen steilen Berghängen geben einen besonders nachhaltigen Eindruck von der »typischen« Lofotenlandschaft. Die Fahrten dauern meist drei Stunden und beginnen im Hafen von Svolvær am Marktplatz. (Kartenvorverkauf auch im Touristenbüro *Destination Lofoten.*) Wer mehr Zeit hat, kann mit der Autofähre *Lofotferje I* nach *Digermulen* (**F 3**) am Beginn des Raftsunds fahren (zum berühmten *Kaiserblick* – nach Wilhelm II. – auf die phantastische, wilde Bergwelt), nach *Brettesnes* (**E 4**) auf der Insel *Store Molla* und zu weiteren abgelegenen Anlegeplätzen. Allerdings: Klären Sie vorher die Rückkehrmöglichkeiten im Touristenbüro, die Fähre geht nur zweimal täglich (eine volle Rundfahrt dauert 4 Std.).

Ein Stück Hurtigrute
Von Svolvær aus haben Sie die beste Gelegenheit, einen kleinen Abschnitt der berühmtem Postdampferlinie *Hurtigrute* mitzufahren. Mit dem Bus geht es 33 km nach *Fiskeböl* (**E 2**), 30 Min. Fährfahrt und 15 km bis *Stokmarknes* (**E 1**) oder noch weitere 30 km bis *Sortland* (**O**). In beiden *Vesterålen*-Häfen legt das Schiff an. Dort steigt man zu und erlebt eine der schönsten Küstenstrecken, *Raftsund* (**F 3**) und häufig auch *Trollfjord* (**E 3**) eingeschlossen, und erreicht Svolvær gegen 18.15 Uhr, stark frequentiert in der Hochsaison. *(Bus nach Stokmarknes ab Svolvær, außer Sa, 12.30 Uhr, Näheres in der Destination Lofoten.)*

In die Mitternachtssonne (E 2)
Mit dem Auto empfiehlt sich gegen Abend ein Ausflug auf der E 10 nach Norden bis *Fiskeböl* (33 km). Auf der Strecke passiert man einige kleine Waldstücke. Die Nadelbäume hier sind – wie auch sonst auf den Inseln – Anpflanzungen aus jüngerer Zeit. Von Fiskeböl fährt man auf der Küstenstraße 888 nach Westen zu den vielen Aussichtspunkten auf die Mitternachtssonne.

Zu den Nachbarinseln

Nur zu den *Vesterålen* braucht man noch die Fähre von Fiskeböl (33 km) nach *Melbu* (**E 2**). Alle anderen Inseln sind über Hochbrücken oder Tunnel zu erreichen: Nach *Leknes* (**A 5**), dem Hauptort der Nachbarinsel *Vestvågöy*, sind es 70 km, nach *Ramberg* (**C 9**) auf *Flakstadöy* 100 km und nach *Reine* (**B 10**) auf *Moskenesöy* 126 km. Nähere Informationen in den einzelnen Kapiteln über die Inseln.

KABELVÅG

(**D 4**) ★ Svolværs Nachbarort Kabelvåg war bis nach 1900 das Herz der Lofoten. Die *Lofot-Kathedrale (Eintritt 20 nkr)* an der E 10 zeugt noch davon: Nordnorwegens größte Holzkirche wirkt heute viel zu mächtig für den ruhig gewordenen Ort. Der Hafen mit seinen flachen Felsbecken verlor seine Bedeutung, als die Boote größer wurden. Vorher hatte Kabelvåg in der winterlichen Fangsaison Tausende von Fischern beherbergt. Hier blühten Handel und Händel, Kneipen und Prostitution. Schon im Mittelalter war diese erste Stadt Nordnorwegens – sie hieß damals *Vågan,* wie heute die ganze Gemeinde – das Zentrum der Dorschfischerei gewesen. Bereits 1120 ließ König Öystein die ersten *rorbuer* als Quartiere für die Gastfischer bauen. Der intensive *törrfisk*-Export brachte Geld in den Norden und ermöglichte den lebensnotwendigen Kauf von Brotgetreide.

Um 1400 kam dann der Niedergang, nachdem die Hanse in Bergen den ganzen Handel an sich gerissen hatte und die Preise diktierte. Später, als Krone und Kirche den Besitz an den Inseln unter sich aufteilten, fiel das ehemalige Vågan an den König. Dann aber wurde bei der Obrigkeit das Geld knapp. Sie »privatisierte« im 19. Jh. die Lofoten. Reiche Kaufleute griffen zu, die *væreier* (wörtlich: Fischerortbesitzer) übernahmen alles: Häfen, Häuser und Menschen. Das alte Vågan aber war für einen einzelnen ein zu dicker Brocken. Hier entstanden etliche Handelsstationen, in Kabelvåg und im benachbarten *Storvågan* die bedeutendsten. Beide Orte kann man heute noch sehen. Kabelvåg als Beispiel für einen alten Hafen, einem Marktplatz sogar mit Musikpavillon, verwinkelten Gassen, Storvågan als Exempel für einen alten Handelsplatz mit Herrenhaus und allem, was sonst dazugehörte. Dort ist heute das *Lofotmuseet* untergebracht und legt Zeugnis ab vom harten Leben der Fischer und der Macht der *fiskekonger.* Allerdings hat kaum eine der alten Familien ihren Besitz halten können.

BESICHTIGUNGEN

Galleri Espolin

In Storvågan zeigt die kleine, aber interessante Galerie seit 1992 etwa hundert Gemälde des Malers Kaare Espolin Johnson. Sie sind in einem Gebäude untergebracht, das nach isländischem Vorbild erbaut wurde. »So eigenwillig wie Kaare und seine Bilder«, sagt man in Kabelvåg. Seine Lithographien sind zu kaufen. *Geöffnet 1. Juni–14. Juni und 16. Aug.–31. Aug. 10–18, 15. Juni bis 15. Aug. bis 21 Uhr; übrige Jahreszeit kürzer, Eintritt 30, Kinder 10 nkr*

Fütterung der Seehunde im Lofotakvariet von Storvågan bei Kabelvåg

Lofotakvariet (Aquarium)

★ 🚸 In einem modernen, großenteils verglasten und architektonisch interessanten Gebäude in Storvågan, am Westrand von Kabelvåg, ist seit 1989 das früher sehr bescheiden direkt am Hafen von Kabelvåg liegende Aquarium untergebracht. Der Besuch lohnt! Auf den Gedanken, ihn sich für schlechtes Wetter aufzuheben, kommen allerdings sehr viele Urlauber. In zahlreichen Becken verschiedener Größe wird die ganze Wasserfauna der Lofoten gezeigt. Der meiste Platz ist den Meeresfischen vorbehalten, aber auch Süßwasserfische aus den Binnenseen der Insel sind vertreten. Das Robbenbassin liegt neben dem Aquariumsgebäude unter freiem Himmel. Mehrmals täglich gibt es Diavorträge über die Inseln und die Lofoten-Fischerei. Cafeteria mit Blick auf den Fjord. *Geöffnet 1. Juni–31. Aug. tgl. 10–18, 15. Juni–15. Aug. bis 21 Uhr; übrige Jahreszeit kürzer, Eintritt 50 nkr, Kinder bis 15 J. 10 nkr*

Ola Strands Galleri

Fünf km westlich von Kabelvåg liegt die Galerie von Ola Strand direkt an der E 10. Sie zeigt Holzschnitte, Linolschnitte und Serigraphien. *Mo–Sa 10–21 Uhr, Eintritt frei*

MUSEUM

Lofotmuseet

★ Im alten Reich des »Fischkönigs« von Storvågan, in unmittelbarer Nähe des Aquariums, ist das Museum untergebracht. Es gibt ein gutes Bild von der Anlage eines alten Handelshofs. Die Ausstellungen vermitteln einen Überblick über die Geschichte der Lofoten-Fischerei und geben in Schuppen, Arbeitsgebäuden, Bootshäusern und Rorbu einen Eindruck vom Leben der Fischer in vergangenen Tagen. Im weißen Herrenhaus ist vieles so geblieben, wie es die Familie des *fiskekongen* einst verlassen hat – ein kleiner Hauch von großer Welt in einer sehr urtümlichen Umgebung.

Von den einst über 100 Fischerhütten blieb nur ein *Rorbu* erhalten, es zeigt die karge Unterkunft der meist in totaler wirtschaftlicher Abhängigkeit vom Handelsherrn lebenden Fischer. *Geöffnet 1. Juni–14. Juni und 16. Aug. bis 31. Aug. 9–18 Uhr, 15. Juni bis 15. Aug. bis 21 Uhr; übrige Jahreszeit kürzer, Eintritt 30 nkr, Kinder bis 15 J. 10 nkr*

RESTAURANTS

Kabelvåg Hotel

Neues Restaurant mit Cafeteria; das Restaurant mit vollem Schankrecht. *Tel. 76 07 88 00, Kategorie 1*

Lofotakvariet

Im neuen Aquariumsgebäude in Storvågan gibt es eine gut geführte Cafeteria mit Schankrecht für Wein und Bier. Schöne Aussicht auf den Fjord. *Tel. 76 07 86 65, Kategorie 2–3*

Nyvagar

In Storvågan direkt am Fjord: neue Ferienanlage im Rorbustil mit Restaurant und vollem Schankrecht und Cafeteria. *Tel. 76 07 89 00, Kategorie 2–3*

EINKAUFEN

Direkt am Hafen im *Steinvei* hat sich in einer alten Schmiede und Schlosserei eine Werkstatt für Gebrauchskunst niedergelassen, in der man zusehen kann, wie Weber, Töpfer und Schmiede bei der Arbeit sind und Souvenirs herstellen. Kaffee und Kuchen gibt es auch. *Mo–Sa 10–16 und 18–22, So 17–22 Uhr*

ÜBERNACHTUNG

Kabelvåg Hotel

Im Zentrum des Ortes liegt das neu eingerichtete Hotel, mit 28 Zimmern, das größte ganzjährig geöffnete in Kabelvåg. *Tel. 76 07 88 00, Fax 76 07 88 03 Kategorie 1–2*

Lofoten-Rorbuferie

Zwölf Rorbuer mit bis zu elf Betten für weniger Anspruchsvolle. *Tel. 76 07 84 44, Kategorie 3*

Lofoten Sommerhotell

Nur in der Zeit der Schulferien vom *25. Juni–10. Aug.* 45 Zimmer ohne Bad. *Kabelvåg, Torgg. 6, Tel. 76 07 82 88, Fax 76 07 88 88, Kategorie 3*

Lofoten Turist- og Rorbusenter

Das Tourist- og Rorbusenter in Kabelvåg mit seinen 27 Hütten (136 Betten) ist ganzjährig geöffnet. Von hier gibt es geführte Wanderungen (siehe auch unter Henningsvær). *Im Hafen, Tel. 76 07 81 80, Fax 76 07 83 37, Kategorie 3*

Nyvagar

Am Westrand von Storvågan liegen direkt am Fjord 30 modern eingerichtete Hütten im Rorbustil, nicht weit vom Aquarium; jeweils zwei Doppelzimmer, Küche, Bad. *Tel. 76 07 89 00, Fax 76 07 89 50, Kategorie 2*

Örsvågvær Hotell

Neu erbautes Hotel im Ortsteil Örsvågvær. *16 Zi., Kabelvåg, Tel. 76 07 81 80, Kategorie 2*

AUSKUNFT

Auch für Kabelvåg gilt die Touristen-Information in *Svolvær, Marktplatz am Hafen, Mo–Fr 8–16 und 17–22, Sa 9–13.30 und 17–20, So 13.30–16 und 17–20 Uhr. Postbox 210, N 8301 Svolvær, Tel. 76 07 30 00, Fax 76 07 30 01*

ZIELE IN DER UMGEBUNG

Von der neuen Touristenanlage *Nyvågar* können Wagemutige eine Hochseesafari *(Sea Rafting)* mit schnellen Schlauchbooten unternehmen. Außerdem gibt es Hochsee-Angelfahrten und Bootsverleih. Auch Taucherausrüstungen können geliehen werden. Als Gag steht zeitweilig ein Rolls Royce für Ausflüge zur Verfügung. Bootsausflüge auch von *Kabelvåg-Hafen* aus mit der *Svein Magne.*

5 km westlich von Kabelvåg zweigt nach Süden die Straße zum gern besuchten Strand von *Kalle* (**D 5**) ab (noch einmal 5 km). Bleibt man auf der E 10, kommt man nach weiteren 5 km zum Strand von *Rörvik* (**C 4**), der in einer geschützten Bucht liegt. Leider ist er bei warmem Wetter oft überlaufen – jedenfalls für Lofoten-Verhältnisse.

Im übrigen gelten für Kabelvåg dieselben Ausflugsvorschläge wie schon für Svolvær, natürlich mit sich verschiebenden Entfernungen.

HENNINGSVÆR

(**C 5**) ★ Henningsvær ist Lofoten-Fischerei pur. Auf kleinen Inseln dicht zusammengepreßt, drängen sich am langgestreckten, engen Hafenbecken Fischannahmestellen, Händler, Schiffsausrüster, Gaststätten und Rorbuer. Erst 1983 wurden die Inselchen durch zwei Hochbrücken mit dem Festland verbunden. Seitdem hat die kleine Autofähre ausgedient. Deren kurze, aber ungeschützte Fahrt über den offenen Vestfjord war oft alles andere als ein Vergnügen.

Der Ort entwickelte sich wegen der Fischgründe direkt »vor der Haustür« im 19. Jh. rasant und wurde bald einer der wichtigsten Häfen. Dicht an dicht lagen damals die Boote am Bollwerk, und auch heute kann man im Winter häufig noch von einem Hafenufer zum anderen quer über die sich drängenden Kutter steigen.

In manchen Jahren wird hier fast ein Viertel des Winterfangs gelöscht. Das hat seinen Grund: Die Fischer kommen gern nach Henningsvær, weil das Geschäft im Gegensatz zu den meisten anderen Häfen nicht in der Hand eines einzelnen ist, sondern sich etliche Händler kräftig Konkurrenz machen. Da ließen und lassen sich häufig bessere Preise erzielen.

Der Tourist erlebt den Hafen im Sommer meist verhältnismäßig leer, weil viele Fischer dann vor der Finnmarkküste auf Fangfahrt gehen. Der Besuch lohnt sich aber auf jeden Fall, denn einen zweiten Hafen ähnlicher Art gibt es auf den Lofoten nicht.

Schon die Anreise nach Henningsvær ist ein Erlebnis. Man verläßt die E 10 westlich von Kabelvåg bei *Rörvik* (**C 4**)und hat dann die 7 km der Straße 816 vor sich, die zu den eindrucksvollsten, manchmal auch aufregend-

Die Marco Polo Bitte

Marco Polo war der erste Weltreisende. Er reiste in friedlicher Absicht, verband Ost und West. Er wollte die Welt entdecken, fremde Kulturen kennenlernen, nicht zerstören. Könnte er für uns Reisende des 20. Jahrhunderts nicht Vorbild sein? Aufgeschlossen und friedlich sollte unsere Haltung in anderen Ländern sein. Dazu gehören auch Respekt vor Mensch und Tier und die Bewahrung der Umwelt.

WWF

sten Wegen des ganzen Archipels zählt. An den westlichen Ausläufern des 942 m hohen *Vågekallen* wurde sie hart über der Wasserlinie in den Fels gebohrt und gesprengt. Im Sommer bietet sie bei klarem Wetter herrliche Ausblicke über den *Vestfjord* auf die Berge von *Vestvågöy* und manchmal sogar bis zu den fernen Gipfeln der *Vestlofoten.* Im Winter gischtet die Brandung oft bis zur Straße hinauf und macht sie manchmal unpassierbar.

Gleich nach Überqueren der Hochbrücke zu den beiden Inseln, die den eigentlichen Hafen bilden, liegt links ein großer Parkplatz. Hier sollte man den Wagen abstellen, es lohnt nicht, im kleinen Henningsvær Auto zu fahren.

Die knapp 600 Bewohner der Inseln – die dicht an dicht stehenden Gebäude lassen den Ort größer wirken – fühlen sich ohnehin manchmal tourismusgeschädigt – was sie aber nicht davon abhält, emsig an die sehr willkommenen Kronenscheine der Gäste zu denken.

BESICHTIGUNGEN

Galleri Karl Erik Harr

Da der Maler Karl Erik Harr noch lebt, mag man darüber streiten, ob seine *galleri* wirklich eine Galerie oder bei Umfang und Bedeutung seines Werkes nicht längst ein Museum geworden ist. Im umgebauten *sjöhus* eines Fischhändlers (gleich am Parkplatz zum Ortsbeginn) großzügig gehängt, geben die Bilder des bedeutendsten zeitgenössischen Malers Nordnorwegens einen Eindruck von der Großartigkeit der Landschaft, der Gewalt des Meeres, der Unvergleichlichkeit des Lichts und machen dem Betrachter die Wirklichkeit der Wunderwelt Lofoten oft erst begreifbar. Im selben Gebäude sind auch Fotoausstellung und Diaschau des Fotografen Frank A. Jenssen über die Lofoten untergebracht.

Im Haus befindet sich ein Café. *Geöffnet 1. Juni–15. Aug. tgl. 10–21 Uhr, 16. Aug.–31. Aug. 11–18 Uhr, sonst nach Ankündigung, Eintritt 40 nkr, Kinder bis 12 J. frei*

Lofotbrygga

Direkt gegenüber der Harr-Galerie liegt am Hafen in einem *sjöhus* von 1910 diese eigenwillige Mischung aus Restaurant, Museum, Verkaufsausstellung und Souvenirshop, gute Handwerkerarbeiten! Ein Haus mit viel Atmosphäre. *Tgl. 10–21 Uhr, Eintritt 30 nkr, Kinder frei*

RESTAURANTS/CAFÉS

Henningsvær Feriebrygge
Gut geführtes Restaurant direkt am Hafenkai. Häufig stark besucht. *Tel. 76 07 46 52, Kategorie 3*

Henningsvær Hotell
Ansprechendes, auf Touristen zugeschnittenes Restaurant, volles Schankrecht. *Dreyers g. 8, Tel. 76 07 49 99, Kategorie 2*

Henningsvær Rorbuer
Cafeteria im urigen »Lofotenlook«, anderthalb km von den Hauptinseln entfernt. Volles Schankrecht. *Tel. 76 07 46 00, Kategorie 3*

Hjemöens Bakeri
Gegenüber vom Henningsvær Hotell liegt unscheinbar die Bäckerei mit ein paar Tischen, an denen man gemütlich sitzt. Waffeln werden bei Bestellung ganz frisch gebacken und warm serviert. *Tel. 76 07 49 80, Kategorie 3*

Larsens Trandamperi
Angeschlossen an *Lofotbrygga* ist in der alten Trankocherei ein stimmungsvolles Restaurant entstanden – wohl das einzige auf den Lofoten, in dem auch Klippfisch auf der Speisekarte steht. Schankrecht für Wein und Bier. *Tel. 76 07 46 81, Kategorie 2*

ÜBERNACHTUNG

Henningsvær Bryggehotell
Neues Hotel am Hafen, modern eingerichtet. *30 Zi., Am Hafen, Tel. 76 07 47 50, Kategorie 2*

Henningsvær Feriebrygge
Ein Rorbu und außerdem 10 Zimmer im *sjöhus*, etwas über Normalstandard. *Am Hafen, Tel. 76 07 46 52, Fax 76 07 46 55, Kategorie 3*

Henningsvær Hotell
Kleines, aber ansprechendes und angenehm modernisiertes Hotel nicht weit vom großen Parkplatz. 10 Zimmer, z. T. mit Bad, *Dreyers g. 8, Tel. 76 07 49 99, Kategorie 2*

Henningsvær Rorbu
Anderthalb km vom Ortskern entfernt, 15 Fischerhütten am Wasser. *Tel. 76 07 46 00, Fax 76 07 49 10, Kategorie 3*

Lars Larsen Rorbuer
Im Komplex der *Lofotbrygga* gibt es auch acht Rorbuer mit bis zu sechs Betten und außerdem im *sjöhus* sieben recht einfache Zimmer. *Am Hafen, Tel. 76 07 46 81, Kategorie 3*

AUSKUNFT

Auch für Henningsvær gilt die Tourist-Information in *Svolvær, Marktplatz am Hafen, Mo–Fr 8–16 und 17–22 Uhr, Sa 9–13.30 und 17–20, So 13.30–16 und 17–20 Uhr. Postbox 210, N. 8301 Svolvær, Tel. 76 07 30 00, Fax 76 07 30 01*

ZIELE IN DER UMGEBUNG

Insel Gimsöy **(C 3–4)**
★ 13 km von Henningsvær, 25 km von Svolvær über die E 10 in Richtung Westen. Die Hochbrücke über den Gimsöystraumen (sprich: – strömmen) bringt einen auf die 45 qkm große Insel. Hier leben noch nicht einmal 300 Menschen in sechs Ansiedlungen. Gimsöy ist im Süden bergig (bis 769 m), im Norden aber flach und moorig. Die Insel war schon in Wikingerzeiten be-

wohnt. Von der Nordküste aus, man erreicht sie von der Hochbrücke aus über die Schotterstraßen 862 und 861, hat man bei gutem Wetter eine besonders schöne Aussicht auf die Mitternachtssonne.

Wanderungen

Wanderungen auf Austvågöy sind ein Kapitel für sich, denn was die Norweger eine leichte Tour nennen, erweist sich für den bergungewohnten Mitteleuropäer oft schnell als waghalsiges Unternehmen. Zwar kann man im Touristenbüro in *Svolvær* Toureninformationen bekommen. Erfahrene Wanderer klagen aber darüber, daß nicht alle brauchbar seien (so gut das Büro sonst auch funktioniert).

Wanderstrecken sind auf den Lofoten meist durch auf Felsen gemalte rote »T«-Zeichen markiert. Keine großen Probleme macht eine Wanderung von *Brenna* (**D 3**) aus (Endpunkt der Straße 864, die vor der Brücke Gimsöystraumenbru nach Norden von der E 10 abzweigt). Von hier wandert man in nördlicher und später östlicher Richtung um den *Festvågtind* herum, wobei man sich in der Nähe des Ufers hält. Nach gut 5 km erreicht man die alte Siedlung *Nedrenes* und geht dann dieselbe Strecke zurück. Auf dem ganzen Weg gibt es schöne Ausblicke auf den *Sundlandsfjord* und die vorgelagerten Inseln. Bei gutem Wetter eine phantastische Tour im Schein der Mitternachtssonne! Pullover nicht vergessen, es kühlt sich nachts meist ab. Wer sich an schwierige Touren wagen will, findet fachmännischen Rat in der *Nord-Norske Klatreskole* »Den siste Viking« in *Henningsvær* (**C 5**) *(Misværvei, Tel. 76 07 07 09)*. Dort kann man Kletterkurse belegen und eine Ausrüstung leihen. Bergsteigen und Bergwandern mit Führer auch von *Lofoten Turist- og Rorbusenter* in *Kabelvåg* aus.

Nur knapp 300 Gemeindemitglieder gehören zur Kirche der Insel Gimsöy

Einst Machtzentrum der Wikinger

Aber auch die Touristen unserer Tage kommen auf der größten Lofoteninsel auf ihre Kosten

Der Anrufer kriegt die Kurve in letzter Sekunde. Aus dem Telefonhörer tönt eine Stimme, die nach Schreien gegen den Wind klingt, nach Tabak und einem gehörigen Schluck Whisky. Gerade will er sagen: »Kann ich mal deine Frau sprechen?« Fragt dann aber lieber doch: »Ist Henny Nilsen zu Haus?« Und der Baß antwortet: »Jeg er Henny Nilsen!« Sie ist es selbst. Im übrigen sei die Sache in Ordnung. Der Anrufer könne kommen und auf ihrem Boot mitfahren. Henny Nilsen aus Vestresand auf der Insel *Vestvågöy* ist die einzige Frau mit eigenem Kutter auf den Lofoten.

Der Mann vom Telefon erlebt eine zweite Überraschung, als er Henny sieht. Klein, drahtig, durchtrainiert, und die Stimme klingt jetzt auch ziemlich normal. Die Kettenraucherin hat sich nur erst am Morgen die Bronchien freihusten müssen. Sie sieht aus wie Ende vierzig. Henny lacht. »Ich bin 60, und ich bin über 50 Jahre im Fisch.« Mit sieben zum erstenmal mit dem Vater mitgefahren, seitdem jede Wintersaison auf See, später zusammen mit ihrem Mann. Als der Frühinvalide wird und seinen Kutter abgibt, kauft Henny sich einen eigenen. »Fischverrückt«, sagt Henny Nilsen, »wir können doch alle gar nicht anders, obwohl sich die Fischerei eigentlich kaum noch lohnt.« Heute ist es so, daß mancher Fischer mit seinem hochseetüchtigen Kutter weniger verdient als ein Arbeiter an Land. Seit dem Krieg haben mehr als zwei Drittel der Lofotenfischer aufgeben müssen.

Dennoch ist Vestvågöy wie alle Lofoteninseln noch immer von der Fischerei geprägt. Mit Fischerorten an allen Küsten und den bedeutenden Häfen Stamsund und Ballstad. Die Insel, 422 qkm groß und mit fast 11 000 Bewohnern die bevölkerungsreichste Gemeinde der Lofoten, hat zum Vestfjord hin hohe und steile Berge, im Norden an der Küste zur offenen Norwegischen See aber etwas flachere Felsen, die dennoch das talartige Bauernland zu Füßen der Südkette gegen die eisigen Polarwinde schützen.

Vestvågöy im Zentrum des Archipels ist das größte und wich-

Bauernhöfe unweit von Leknes auf der Insel Vestvågöy

MARCO POLO TIPS FÜR VESTVÅGÖY

1 Fygle Museet
Ein Heimatmuseum in der alten Schule in Fygle bei Leknes (Seite 50)

2 Viking Museet Lofotr
Der größte Häuptlingssitz der Wikinger, originalgetreu rekonstruiert (Seite 50)

3 Nappstraumtunnel
Verbindet die Inseln Vestvågöy und Flakstadöy, 1800 m lang, 55 m tief unterm Meer (Seite 55)

4 Straße 815
Die schönste Strecke am Vestfjord entlang (Seite 49, 55)

tigste Agrargebiet der Lofoten. Hier gibt es die Rinderherden, die es zum Überschußgebiet für Milch und Fleisch machen. Vor allem aber haben sich auf der Insel in und um Leknes, dem Sitz der Gemeindeverwaltung, Händler und Geschäfte angesiedelt, dazu Behörden, Banken, Versicherungen, Handwerks- und Dienstleistungsbetriebe und zwei der drei neuzeitlichen Hotels der Insel.

Leknes (**A 5**), optisch einer der langweiligsten Lofotenorte, sieht ein bißchen so aus wie eine Kleinstadt an einem amerikanischen Highway. Mit knapp 1500 Einwohnern ist es für die Inselbewohner, aber auch für die Leute von Flakstadöy und Moskenesöy, die am leichtesten zu erreichende Einkaufs-»Stadt«. Und hier liegt der Inselflugplatz, der viermal am Tag Anschluß nach Bodö und damit ans Festland und zur großen Welt schafft. Am Flughafen herrscht immer noch ein bißchen Pionierstimmung. Zwar ist das Plakat, das die Mitnahme unverpackter Fische in die Kabine verbot, verschwunden. Aber im Warteraum steht wie vor 25 Jahren die große Thermoskanne, aus der sich jeder selbst Kaffee einschenkt und das Geld auf Treu und Glauben auf einen Teller legt.

Im benachbarten *Gravdal,* 1900 Ew. und in erster Linie Wohnort, befindet sich das Zentralkrankenhaus der Lofoten. Ein paar Kilometer weiter südlich liegt *Ballstad* (**A 6**) (1000 Ew.), ein alter Fischerhafen mit langer Tradition. Nicht zu übersehen: das riesige Landschaftsgemälde, das die ganze Außenwand der großen Werfthalle einnimmt. Man sagt, es sei das größte Bild der Welt. In der Bucht ankern manchmal russische Kreuzfahrer und booten ihre Passagiere für eine Bustour aus. So sparen sie die Liegegebühren an einem Kai. In *Stamsund* (**B 5**) am Vestfjord (1300 Ew.), betriebsam und nicht sehr ansehnlich, legen jeden Abend die Postschiffe der Hurtigrute an, nord- und südgehend, wie man auf den Inseln sagt.

Ganz in der Nähe des Passagierkais besitzt Stamsund ein modernes Hotel mit schönem Blick über den Schärengarten. Der Ort ist jung. Erst um 1900 wurde die Fläche aus den Felsen gesprengt, auf der Hafen und Häuser gebaut werden konnten. Lohnend: Von der Straße 815/817 die Abstecher zum Vestfjord nach Mortsund, Sennesvik und ins romantisch gelegene Ure oder nach Apnes und Steines mit anschließender schöner Küstenstrecke nach Stamsund.

Mit der nördlicher liegenden Insel Austvågöy ist Vestvågöy durch Hochbrücken verbunden, mit den südlichen Vest-Lofoten durch einen großartigen mautpflichtigen Tunnel (55 m unter dem Meer), zwischen Leknes und Napp. Nur auf Vestvågöy hat der Reisende die Möglichkeit, bei Leknes die E 10 auf einer recht kurvigen, aber leicht zu befahrenden Alternativroute zu verlassen und für die Strecke bis zur *Sundklakkstraumbru*, die südlich, oft unmittelbar am Vestfjord in hinreißend dramatischer Gebirgswelt verlaufende ★ *Straße 815* (**A 5–C 4**) zu wählen. Aber auch der nördlicher liegende Abschnitt der Europastraße kann sich sehen lassen. Beide Strecken sind von so gegensätzlicher Schönheit, daß man nach Möglichkeit jede einmal fahren sollte.

An der Europastraße selbst liegt etwa 15 km nördlich von Leknes das in den letzten Jahren ausgegrabene Wikingerzentrum von *Borg* (**B 4**) (auf vielen Landkarten noch mit dem alten Gebietsnamen Borge angegeben). Es ist der größte Häuptlingssitz, der bisher in Norwegen entdeckt und ausgegraben wurde.

BESICHTIGUNGEN

Borge Kirke **(B 4)**

Oberhalb der Europastraße 10 liegt in *Borg* auf einem uralten Kirchplatz, von der Straße aus schon von weitem sichtbar, die neue, ganz moderne Borge Kirke, die erst 1987 eingeweiht

Stamsund, ein Ort ungefähr so alt wie unser Jahrhundert

wurde und 700 Menschen Platz bietet. Hier finden häufig Konzerte statt. *Borg*

Buksnes Kirke (A 5)

Kräftig vom Stabkirchenstil inspiriert, wurde 1905 in *Buksnes* bei *Gravdal* die große Holzkirche gebaut, die einen Besuch wert ist. Manchmal übt hier der Pastor mit einem aufgeregten Brautpaar die Zeremonie schon einmal am Tag vor der Hochzeit. Wer sich ganz still verhält und in die letzte Reihe setzt, darf zuhören. *Buksnes, Di–Fr 10–19, So 15–19 Uhr*

Hol Kirke (A 5)

Die hölzerne Kreuzkirche von *Hol* bei *Fygle* gleich östlich von Leknes an der Straße 815 ist eine der ältesten erhaltenen Lofoten-Kirchen. Sie stammt von 1806, der Altar von 1766. Schon um 1400 wurde hier die erste Kirche errichtet. – Viele Kirchen sind in der Woche verschlossen. Wer sie besichtigen möchte, muß in der Nachbarschaft herumfragen. Meist findet sich jemand, der weiß, wo der Schlüssel liegt. Im Sommer werden hier Konzerte gegeben. *Hol bei Fygle*

MUSEEN

Fygle Museet (A 5)

★ In der alten hundertjährigen Schule von *Fygle* bei Leknes (Straße 815) ist heute das Heimatmuseum untergebracht. Hier trifft man selten viele Menschen, so daß man sich in Ruhe die Exponate ansehen kann. Sie reichen von Steinzeitfunden und Hausgeräten bis zu einem originalgetreu eingerichteten Klassenraum, in dem auch der Stock des Lehrers nicht fehlt. Und natürlich gibt es neben der Schule ein *rorbu,* eine alte Saisonunterkunft für auswärtige Fischer. Die karge Einrichtung läßt ahnen, unter welch harten Bedingungen die Männer im Winter leben mußten. *Fygle, Mo–Fr 11–16, Sa/So 12–15 Uhr, Eintritt 25 nkr*

Viking Museet Lofotr (B 4)

★ Seit 1995 kann in Borg der rekonstruierte Sitz eines Wikingerhäuptlings besichtigt werden. Bis zum Jahr 1985 glaubten die Archäologen, die nördlichsten Wikingersiedlungen hätten auf dem Festland südlich von Bodö gelegen. Damals fand der Bauer Frik Harald Bjerkli beim Pflügen auf Vestvågöy in der Nähe der *Borge Kirke* alten Kulturboden. Fachleute entdeckten schnell: Bjerkli hatte in Borg eine Wikingersiedlung angekratzt. Wenig später wußte man, daß hier nicht nur der nördlichste, sondern auch der größte bisher in Norwegen freigelegte Häuptlingssitz etwa aus dem Jahr 800 gefunden worden war: ein Machtzentrum der Wikinger. Inzwischen sind nicht nur die Fundamente des 83 m langen und neun m breiten Haupthauses ausgegraben, es ist originalgetreu rekonstruiert worden. Seine Außenwände sind mit Torfgrassoden verkleidet, das Dach ist mit Holzschindeln gedeckt. In der Mitte liegt die große Häuptlingshalle, wo der Stammesälteste mit seiner Familie lebte und Gäste empfing. Nur hier gibt es einen Fußboden aus Holz, der sich rings um das in der Mitte des Raumes lodernde Feuer zieht. Ein Loch im Dach läßt den Rauch abziehen. Es ist zugleich mit dem Feuer die Lichtquelle.

Der Gesindeteil im Norden ist wesentlich einfacher eingerichtet, hat zwar auch ein kleineres Feuer, aber nur einen Fußboden aus gestampfter Erde. Im Süden des Hauses liegt der große Viehstall, der im Museum aber auch als Wohnraum eingerichtet ist. In der Umgebung des Häuptlingssitzes wurden viele weitere Fundamente entdeckt: Schuppen, Lagerhäuser, aber auch Gebäude für weiteres »Personal«, sprich: Sklaven.

Funde von Gläsern und Keramik aus Frankreich, von Walroßzähnen und Pelzen aus Nordrußland bezeugen, daß von hier aus weite Handelsfahrten unternommen wurden. Sicher waren die Wikinger von Borg auch an den großen Entdecker- und Eroberungsfahrten beteiligt. Eine ihrer wichtigsten Einnahmequellen war auch damals schon Stockfisch, der vermutlich nach England exportiert wurde. Stammesangehörige und Sklaven hatten den Fisch beim Häuptling abzuliefern. Die seetüchtigen Langboote fanden im weit ins Land greifenden Fjord *Borgpollen* einen sicheren Hafen. Am Ufer sind die Fundamente mehrerer Bootshäuser entdeckt worden. Ein Wikingerschiff, dem Gogstadschiff nachgebildet, liegt dort für kleine Fahrten mit Museumsbesuchern bereit. Es trägt den Namen *Lofotr*, die alte Bezeichnung für die Insel Vestvågöy. Im Empfangsgebäude sind ein Café eingerichtet worden und ein Souvenirshop, der auch bodenständiges Kunsthandwerk verkauft. *15 km nördlich von Leknes, 1.–14. Juni und 16. bis 31. Aug. tgl. 9–18 Uhr, Hochsommer 9–21 Uhr, Eintritt 60, Kinder 40 nkr*

RESTAURANTS/CAFÉS

Obwohl Vestvågöy die bevölkerungsreichste Lofoteninsel ist, fehlt ihr ein Hauptort von der Art Svolværs und damit auch eine Konzentration von Gaststätten. Restaurants sind selten. Ordentlich, aber leider relativ teuer ißt man in den Hotels in Leknes und Stamsund.

Restaurant China **(A 5)**
Gegenüber vom Leknes Hotel. Wird viel von jungen Leuten besucht. Schankrechte Wein und Bier. *Leknes, Elvegårdsvei, Tel. 76 08 12 00, Kategorie 3*

Hagskaret Turistsenter **(B 5)**
Am höchsten Punkt (133 m) der Straße 815 von Leknes nach Stamsund liegt das weitläufige Touristenzentrum mit Campingmöglichkeit. Von hier hat man einen wunderbaren Blick über den Vestfjord bis zu den Bergen um Narvik. Handfestes Essen. Schankrechte Wein und Bier. *Tel. 76 08 31 00, Kategorie 2*

Hattvika Brygger **(A 6)**
Am Wasser liegt auf *Ballstadöy* das originelle Brückenrestaurant, das alle Schankrechte hat. *Ballstad, Tel. 76 08 80 75, Kategorie 2*

Restaurant Kuvert **(A 5)**
In *Leknes* liegt dieses preisgünstige Restaurant, Schankrechte für Wein und Bier. *Leknes, Tel. 76 08 00 44, Kategorie 3*

Leknes Hotel **(A 5)**
Im Zentrum von *Leknes* steht das Leknes Hotel, dessen Restaurant einen guten Ruf hat. Alle Schankrechte. *Elvegårdsvei 10, Tel. 76 08 29 50, Kategorie 2*

Die bezaubernde Kulisse von Farstad vatnet, an der E 10 nördlich von Leknes

Leknes Lofoten Hotell (A 5)
Auf Touristen eingestelltes ansprechendes Restaurant in einem neuen Hotel in *Leknes,* das während der Winter-Olympiade in Lillehammer stand. Alle Schankrechte. *Lillevollvei, Tel. 76 08 08 25, Kategorie 2*

Stamsund Lofoten Hotel (B 5)
Dicht beim Hurtigrutekai liegt in *Stamsund* das moderne Stamsund Lofoten Hotel, dessen angenehmes Restaurant einen schönen Blick aufs Meer bietet. Alle Schankrechte. *Stamsund, Tel. 76 08 93 00, Kategorie 2*

Ytterviks Rorbuer (B 5)
Einfacheres Restaurant in *Stamsund* direkt am Hafen. Alle Schankrechte. *Stamsund, Tel. 76 08 93 56, Kategorie 3*

EINKAUFEN

Es gibt auf Vestvågöy nur eine zentrale Einkaufsmöglichkeit. In den beiden Hauptstraßen von *Leknes,* die sich rechtwinklig kreuzen und fast den ganzen Ort bilden, gibt es Geschäfte jeder Art, dazu Bank, Post, Telefone, Gemeindeverwaltung, Tankstelle, Information. Fast alle kleineren Orte bieten Einkaufsmöglichkeiten in Selbstbedienungsläden, von denen viele wegen der Touristen am Abend bis 20 Uhr geöffnet haben, manche auch am Sonnabend bis 16 oder 17 Uhr. Einige öffnen sogar am Sonntag für ein paar Stunden. An vielen kleinen Plätzen gibt es Bank (nicht alle öffnen täglich) und Post. Man fährt überall zwangsläufig dran vorbei, nichts ist zu übersehen.

ÜBERNACHTUNG

Hattvika Leigighethotell (**A 6**)
Sieben Apartments mit je zwei Zimmern, Küche, Bad auf *Ballstadöy bei Ballstad. Tel. 76 08 80 75, Fax 76 08 89 01, Kategorie 3*

Leknes Hotel (**A 5**)
Von außen eher schlicht, entpuppt sich das Hotel in *Leknes* innen als ansprechendes Mittelklassehotel. Im Sommer unbedingt Zimmer reservieren. *50 Zi., Leknes, Elvegardsvei 10, Tel. 76 08 29 50, Fax 76 08 24 70, Kategorie 2*

Leknes Lofoten Hotell (**A 5**)
Ein neues Hotel ganz aus Holz und doch schon ein Haus mit Geschichte: Es hat während der Winter-Olympiade 1994 in Lillehammer gestanden, wurde dann demontiert und in Leknes wieder aufgebaut. Angenehmes, sehr »skandinavisches« Hotel. Unbedingt vorbestellen! *63 Zi., Lillevollvei (etwas versteckt zwischen Storgate und Umgehungsstraße), Tel. 76 08 08 25, Fax 76 08 08 92, Kategorie 2*

Stamsund Hotel Lofoten (**B 5**)
Modernes Haus direkt an Meer und Hafen von *Stamsund.* Die meisten Zimmer haben einen Blick auf den Hurtigrute-Kai und den Schärengarten. Unbedingt vorbestellen! *28 Zi., Stamsund, Tel. 76 08 93 00, Fax 76 08 97 26, Kategorie 2*

Vandrerhjem Justad (**B 5**)
In *Stamsund,* sehr einfach, 50 Betten in wenigen Zimmern. Außerdem gibt es Rorbuer. *Tel. 76 08 93 34, Kategorie 3.* – Ein ähnliches Sommerhotel befindet sich auch in *Gravdal* (**A 5**) südlich von Leknes. *Tel. 76 08 24 00, Kategorie 3*

Hütten
In den letzten Jahren sind an vielen Stellen Hütten unterschiedlicher Qualität auf der Insel errichtet worden. Eine Spitzenstellung nimmt dabei *Brustranda Sjöcamp* in *Strandslett* (**B 4**) an der Straße 815 am Vestfjord ein. Dort werden 20 gepflegte Hütten mit 100 Betten von der preiswerten Vier-Personen-Behausung bis hin zum anspruchsvollen Ferienhaus direkt am Wasser angeboten. *Tel. 76 08 71 00, Fax 76 08 71 44, Kategorie 2–3.* Die größte Anlage ist *Storfjord Camping* in *Stamsund* (**B 5**) mit 136 Betten in 33 Unterkünften. *Tel. 76 08 68 04, Fax 76 08 92 83, Kategorie 3.* Aber auch in vielen anderen Orten gibt es Hütten. Deutliche Hinweisschilder an den Straßen machen das Finden leicht. *Auskunft in der Touristeninformation in Leknes.*

Rorbuer
Praktisch in allen Fischerhäfen findet man zu Ferienquartieren umgerüstete Rorbuer, die alten Winterquartiere der Lofotfischer. Sie sind von unterschiedlicher Qualität, entsprechend differieren die Preise. Hier eine Auswahl: *Ballstad Rorbuer* (**A 6**) am Vestfjord, *Tel. 76 08 81 95; Kraemmervika Rorbuer* bei Ballstad, *Tel. 76 08 80 77, Fax 76 08 80 71; Lofotrorbuer* (**A 5**) bei Leknes, *Tel. 76 08 21 11, Fax 76 08 23 95; Stamsund Rorbuer* (**B 5**) im Hafen von Stamsund, *Tel. 76 06 41 70, Fax 76 06 41 72; Statles Rorbusenter* (**A 5**) in Mortsund, südlich von Leknes am Vestfjord, mit 40 Häuschen eine der größten Anlagen auf den Lofoten, *Tel.*

76 08 75 55, Fax 76 08 74 21; Ure Rorbucamping (**B 5**), malerisch in Ure am Vestfjord südlich von Leknes gelegen, *Tel. 76 08 74 13, alle Kategorie 2 oder 3*

Sjöhus **(B 3)**

Sjöhus-Quartiere in den oberen Stockwerken der Schlacht- und Lagerhäuser der Fischhändler haben manchmal nur geringen Komfort (vorher ansehen!), sind aber preiswert: *Eggum Sjöhus* in Eggum, 20 km nördlich von Leknes in Böstad von der E 10 nach Norden abbiegen; es ist einer der besten Plätze zur Beobachtung der Mitternachtssonne, *Tel. 76 08 19 16.* In der Nähe liegt in Maervoll *Joh. L. Unstads Sjöhus, Tel. 76 08 54 27.* Wenige Kilometer nördlich von Böstad zweigt die Straße nach Vestresand zum offenen Meer ab: *Vestresand Sjöhus, Tel. 76 08 57 61, alle Kategorie 3*

AUSKUNFT

Leknes **(A 5)**

Touristinformation N 8370 Leknes im Ortszentrum (Hinweisschilder). Ende Mai–Anf. Sept. Mo–Fr 9–17 Uhr (Hochsommer bis 20), Sa 10–14 (Hochsommer auch 18–20), So 18–20 (Hochsommer 12–19 Uhr), Tel. 76 06 05 94

Stamsund **(B 5)**

Touristinformation N 8340 Stamsund im Ortszentrum (Hinweisschil-

Die Vestfjordstraße 815 bietet immer wieder einzigartige Ausblicke

der). Mitte Juni–Ende Aug. Mo–Sa 11–14.30 und 18–21.30 Uhr, So nur abends, Tel. 76 08 97 92

Weitere wichtige Rufnummern auf Vestvågöy: Arzt 76 08 00 00 oder 113, Polizei 76 08 24 55 oder 112, Feuerwehr 110, Gemeindeverwaltung 76 08 03 00, Flughafen Leknes 76 08 01 00

AUSFLUGSZIELE

Auch Nicht-Autofahrer haben auf Vestvågöy keine Schwierigkeiten, die Insel kennenzulernen. *Leknes* ist der Hauptknotenpunkt der Buslinien, die fast jeden Ort erreichen, *Stamsund* der zweitwichtigste. Die Fahrpläne sind gut aufeinander abgestimmt.

Nappstraumtunnel (A 5)

★ Ein teures, aber prickelndes Erlebnis! Auch wenn Sie an sich gar nicht nach Flakstadöy oder weiter wollen, sollten Sie einmal von Leknes aus durch den Nappstraumtunnel fahren (jede Tour 65 nkr pro Pkw). Das technische Meisterwerk 55 m unter dem Meeresspiegel war schwierig zu bauen. Und vermittelt Ihnen jetzt das tolle Gefühl, daß über Ihnen die ewig unruhigen Wasser des Gezeitenstroms von Napp branden und Dorsch, Heilbutt und Seeteufel herumschwimmen. *Achtung, der Tunnel ist für Radfahrer und Fußgänger gesperrt: umsteigen auf Bus.*

Straße 815 (B 5–C 4)

★ Die Vestfjordstraße 815 sollte man auf jeden Fall einmal im Auto, Bus oder Fahrrad in nordöstlicher Richtung befahren. Dicht am Wasser bietet sie immer wieder einzigartige Ausblicke. Besonders auf den mächtig dräuenden *Vågekallen (942 m)* auf der Insel Austvågöy und die Festlandsgebirge.

Wanderungen

Im Süden der Insel beginnt an der Kræmmervikamole in *Ballstadland* ein hübscher, nicht schwieriger Wanderweg am Ufer entlang zur Südspitze von Vestvågöy *(Brurstolen)*. Von hier geht man in nördlicher Richtung weiter am *Nappstraumen* entlang, bis man auf die Reste der alten Siedlungen *Sör-Græna* und *Nord-Græna* trifft. Von hier haben Sie einen schönen Blick auf die Berge der Insel Flakstadöy. Am besten nehmen Sie denselben Weg zurück nach Ballstad (etwa 4 Std.) (**A 6**). Im Norden von Vestvågöy finden Sie eine von vielen Möglichkeiten, die besonders reizvoll im Schein der Mitternachtssonne ist: In *Eggum,* das hingekuschelt unter steilen Felsen liegt, beginnen Sie die Wanderung und folgen der Straße in Richtung zum Leuchtfeuer. Wo der Fahrweg aufhört, geht es auf einem Pfad weiter. Man braucht bis zu dem Seezeichen etwa 90 Min. und nimmt dann denselben Weg zurück (**A 4–B 3**). Im Osten der Insel kann man auf einer Autotour eine kleine Wanderung von zwei Stunden einlegen: In *Vikjord* an der Straße 815 nehmen Sie den Weg an der Nordseite des Sees und steigen – etwa 100 m – durch ein Tal zum hübschen See *Urdtjernet* auf. Zurück dieselbe Strecke (**C 4**). Wer größere Wanderungen machen möchte, erhält in den Touristinformationen nähere Auskunft.

Arm und doch so unendlich reich

Berge, Fjorde und ein winziger von Felsen umschlossener Hafen, der »Weltkulturgut« geworden ist

Was«, sagt Fischer Trond, »du willst von Flakstadöy abreisen und hast keinen *törrfisk* probiert? Das gibt es nicht!« Schon macht er sich an der Hauswand zu schaffen, wo sein kleiner privater Wintervorrat an Stockfisch hängt, kommt mit so einem brettharten Burschen zurück, bricht ein Stück neben dem Rückgrat heraus, holt die Axt aus dem Schuppen, nimmt einen kürbisgroßen Stein als Amboß und schlägt mit der stumpfen Seite des Beils gewaltig zu. Ganz langsam beginnt das Fischfleisch zu zerfasern, sieht zuletzt aus wie mürbe geschlagenes altes Holz. »So«, sagt Trond und hält dem reisefertigen Urlauber sein Werk hin, »nun kannst du es essen.« – »Jetzt?« Der Tourist fragt zögernd und mißtrauisch. – »Natürlich jetzt! Als Kinder haben wir hier auf den Inseln dauernd darauf rumgekaut. Lofoten-Bonbons, weißt du …« Unser Urlauber probiert. Tatsächlich, es läßt sich essen. Schmeckt ebenso kräftig wie nachhaltig nach Fisch … Im Vertrauen: Man muß es nicht versucht haben. Auch wenn man es inzwischen beim Kaufmann, im Touristenbüro oder im Fischereimuseum in kleinen verschweißten Tüten kaufen kann. Als Souvenir.

Flakstad (**C 9**) ist mit 180 qkm und gut 1600 Ew. die drittgrößte der Lofotengemeinden. Sie besteht aus der Insel Flakstadöy und dem nördlichen Teil von Moskenesöy mit den Dörfern Fredvang und Krystad. Beide waren früher von Moskenesöys Hauptort Reine aus überhaupt nicht zu erreichen, mit Flakstadöy aber durch eine Wagenfähre verbunden. So schlug man sie der Nachbarinsel zu. Flakstadöy selbst ist erst seit 1990 durch den Nappstraumtunnel mit der nördlicher liegenden großen Insel Vestvågöy fest verbunden *(mautpflichtig, 65 nkr für einen Pkw je Fahrt)*.

Die Gemeinde lebt vom Fischfang und etwas Landwirtschaft, der Tourismus steckt noch in den Kinderschuhen. Das macht Flakstad in den Augen vieler besonders reizvoll. Jedoch die Gemeinde ist arm, sie hat praktisch kein Gewerbe. Das führt dazu,

Flakstad Kirke von 1780, schönstes Gotteshaus der Lofoten

daß von Flakstadöy ständig Geld für Dienstleistungen und Anschaffungen nach Vestvågöy und Austvågöy abfließt. Dort sitzen in und um Leknes und Svolvær die Handwerker und Kaufleute, die Fischkutterwerften und Elektronikspezialisten, ohne die auch Fischer heutzutage nicht mehr auskommen.

Von den alten Häfen, die nach Süden zum Vestfjord liegen, gibt es noch Sund, das von der Fischerei aufgegebene Nesland, den Skjelfjord, der den Engländern 1940 während der Schlacht um Narvik als Schutzhafen für ihre beschädigten Schiffe diente, und das kleine Nusfjord. Es gilt als der schönste Fischerhafen der Lofoten, hingekuschelt in eine winzige Felsbucht, wie aus der Spielzeugschachtel und unendlich oft fotografiert. Die Unesco nahm es in ihre Liste der schützenswerten Weltkulturgüter auf. Alle Häfen an der Nordküste, Napp, Ramberg und Fredvang, sind jung. Sie entstanden erst, als die Boote größer wurden und der offenen See trotzen konnten.

Landschaftlich gehört das wirtschaftlich arme Flakstadöy zu den reichsten Gebieten der Lofoten, voller dramatischer Schönheit, besonders am *Selfjord,* der so leicht mit dem benachbarten Skjelfjord verwechselt wird. Im südlichsten Teil des Fjordes horsten mehrere Seeadlerpaare. Mit etwas Glück kann man einen der majestätischen Vögel entdecken, wie er fast ohne Flügelschlag über dem Wasser seine Kreise zieht. *Ramberg* ist das Verwaltungszentrum der Insel mit Kaufmann, Bank, Post, Polizei, Arzt, Tankstelle, Blumenladen. Der einzige Bäcker der Gemeinde sitzt in Fredvang. Dort, in Sund und in Nusfjord gibt es weitere Einkaufsmöglichkeiten. **(B 11–C 8)**

BESICHTIGUNGEN

Flakstad Kirke (C 5)

★ Flakstad ist nicht mehr als eine Ansammlung weniger Häuser zwischen Ramberg und dem

MARCO POLO TIPS FÜR FLAKSTADÖY

1. **Flakstad Kirke**
   Aus Blockbohlen gebaute hölzerne Kirche von 1780, mit roten Brettern verkleidet (Seite 58)

2. **Nusfjord**
   Fischerort, der fast unverändert heute noch an die alte Zeit erinnert (Seite 59)

3. **Fischereimuseum Sund**
   In der Schmiede von Sund arbeitet ein Kunstschmied, dem man zusehen kann (Seite 60)

4. **Glashytta Vikten**
   Nordnorwegens einzige Glashütte lockt jährlich etwa 30 000 Gäste (Seite 61)

5. **Tre Design Myrland**
   Kaum bekannt, aber sehr sehenswert: Einzigartiges Kunsthandwerk aus Treibholz (Seite 61)

6. **Wanderung von Nusfjord nach Nesland**
   Auf tausendjährigem Stieg durchs Gebirge (Seite 63)

Selten genug ist das Wasser des Selfjords spiegelglatt

Flakstadpollen, gab aber der ganzen Insel den Namen. Und es ist ein Kirchort seit alters her. Die heutige Kirche stammt von 1780, enthält aber einen älteren Altar. Am meisten beeindruckt das Innere der kleinen Kreuzkirche, gefügt aus axtbehauenen schweren Blockbohlen. Von außen sind sie zum Schutz gegen die Witterung mit knallrot gestrichenen Brettern verkleidet.

Die Kirche ist häufig abgeschlossen, der Küster wohnt in Flakstads vorletztem Haus in Richtung Napp. Auf dem Friedhof findet man kaum Gräber von älteren Männern; die meisten von ihnen blieben auf See. Im Sommer gibt es in Flakstad Kirke häufiger Konzerte. Sie werden an der Tür des Kaufmannsladens in Ramberg angezeigt.

Nusfjord (C 10)

★ Obwohl der kleine Fischerort im Sommer von vielen Touristen besucht wird, hat er sich, als Weltkulturgut unter Unesco-Denkmalschutz stehend, das Flair eines Lofotenhafens der Jahrhundertwende bewahrt. Er ist in seiner Anlage typisch für ein *vær,* ein Fischerdorf, das sich bis zum letzten Nagel im Eigentum des *væreier,* des »Fischerortbesitzers« befand. Die Fischer standen in völliger Abhängigkeit von ihm, eine Situation vergleichbar dem Verhältnis zwischen Rittergutsbesitzern und leibeigenen Tagelöhnern. Obwohl die Familie Dahl, der Nusfjord fast 150 Jahre gehörte, den Ort nicht halten konnte und auch ein Nachfolger pleite machte, fand sich ein Fischkaufmann aus Westnorwegen, der Nusfjord jetzt wieder mit einer Aktiengesellschaft betreibt. Der Tourist merkt von diesen Erschütterungen nichts.

Die beiden weißen Herrenhäuser stehen noch und auch die kleinen, hufeisenförmig um den Hafen gebauten *rorbuer* der Fischer. Erhalten blieb auch der Laden in seiner alten Form, wenn auch gewisse Konzessionen an die neue Zeit gemacht wurden. Dennoch fühlt man sich in die Zeit unserer Großeltern zurückversetzt, zumal der Laden gleichzeitig Posthalterei und *medisinutsalg* ist: Arzneimittelhandlung. Das geht allerdings über Jodtinktur, Pflaster und Hustentropfen nicht hinaus. Die Rorbuer am Hafen können von Touristen gemietet werden, ebenso die Ruderboote zum Angeln.

MUSEUM

Fischereimuseum Sund **(C 10)**
★ In Sund, dem alten Fischereihafen am Vestfjord, hat der Schmied Hans Gjertsen in jahrzehntelanger Arbeit ein Fischereimuseum zusammengetragen, das teils von rührender Einfachheit ist, aber gerade darum einen guten Eindruck von den unglaublich harten Verhältnissen vermittelt, unter denen die Fischer bis vor vierzig, fünfzig Jahren arbeiteten. Ein original eingerichteter *rorbu* zeigt die schier unmenschlichen Bedingungen, unter denen die Fischer während der winterlichen Dorschsaison hausen mußten.

Auf dem Museumsgelände befindet sich auch die alte Schmiede, in der Gjertsen seine berühmten Kormorane schmiedete. Er war ein Original, das schon vor dreißig Jahren, damals fast ein Skandal, seinen König bei einem Besuch duzte. Ungestraft, Olav verlieh ihm einem Orden für seine Museumsarbeit. Vor einigen Jahren hat Gjertsen die Werkstatt seinem Neffen Tor Vegård Mörkved übergeben. Der führt die alte Tradition fort. Wer das Glück hat, die Werkstatt

Sund am Vestfjord, einer der alten Fischereihäfen der Inseln

ohne viele Besucher anzutreffen, bekommt »seinen« Kormoran genau nach Wunsch gearbeitet, und darf direkt neben dem Amboß stehen. Das Museum wurde eine Stiftung. *Mo–Sa 10–17, So 12–17 Uhr, Eintritt 25, Kinder 15 nkr, mit Museumsshop*

RESTAURANTS/CAFÉS

Fischrestaurant Fredvang **(B–C 9)**
Den *Lofoten Gjestebrygger* in Fredvang angeschlossen ist ein Fischrestaurant, das nur sporadisch geöffnet hat. Es liegt am Hafen. Hat Schankrecht für Wein und Bier. *Fredvang, Tel. 76 09 42 00, Kategorie 3*

Orianna in Nusfjord **(C 10)**
Kleine, aber gemütliche, gut geführte Cafeteria in einem alten Lagerhaus. Schankrecht für Wein und Bier. *Nusfjord, Tel. 76 09 30 20, Kategorie 2–3*

Ramberg Gjestegård **(C 9)**
Nach dem Brand der alten *Ramberg Gjestgiveri* ist bisher erst ein Gebäude für Restaurant und Café modern wieder aufgebaut worden. Man kann ordentlich warm essen, es gibt auch Kaltes, bei Selbstbedienung. Alle Schankrechte. *Ramberg, Tel. 76 09 31 40, Kategorie 2–3*

EINKAUFEN

Galerie Lofotkunst Ramberg **(C 9)**
Ein gehobener Souvenirshop mit künstlerischem Anspruch in Ramberg: Bilder in verschiedenen Techniken, Tonarbeiten, Seidenmalerei, Strickwaren. In einer Seitenstraße am nördlichen Ortseingang, das Hinweisschild ist nicht zu übersehen. *Ramberg*

Glashytta Vikten **(C 9)**
★ In Vikten, nördlich der E 10-Kreuzung in Vareid, haben sich direkt am offenen Meer Asvar Tangrand und seine Frau die Glashytta, eine hypermoderne Werkstatt für Gebrauchskunst, geschaffen. Er ist Designer (das Lofoten-Motiv am Nappstraumtunnel stammt von ihm) und Glasbläser, seine Frau töpfert im Haus gegenüber. Sie macht unter anderem sehr originelle Dorsche als Spardosen. Bei ihrem Mann wirkt für die Lofoten alles etwas zu glatt und durchorganisiert. Kein Wunder bei jährlich 30 000 Besuchern. *Vikten, Mo–Sa 10–18, Sommer bis 21 Uhr, Eintritt 20 nkr*

Tre Design Myrland **(C 8)**
★ Ein kleiner handgeschriebener Zettel weist an der Mautstation des Nappstraumtunnels auf *Kåres Tredesign* (Holzdesign) in Myrland hin. Hier beginnt auch die ausgeschilderte Schotterstraße. Ganz an deren Ende werkelt Kåre Fredriksen im Keller seines Wohnhauses, zaubert auf seiner Drehbank aus Baumstämmen, die jahrelang im Meer geschwommen und von Bohrmuscheln zersiebt sind, wie abstrakte Kunstwerke wirkende Teller und Schalen, Schüsseln und Töpfe. Kåres Frau Annbjörg sorgt für den Verkauf – im Wohnzimmer, das zur Hälfte als Ausstellungsraum dient. Wirklich originelle Souvenirs! *Myrland*

ÜBERNACHTUNG

Fredvang Camping **(B–C 9)**
Der *Fredvang Strand- og Skærgardscamp* ist der schönstgelegene Campingplatz der Lofoten. Er öffnet sich im Schärengarten

Drechsler Kåre Fredriksen in Myrland arbeitet mit Treibholz

zum freien Meer, direkt der Mitternachtssonne entgegen. Man kann dort Boote zum Angeln mieten. Kleine Mahlzeiten und Getränke im Restaurant. *Fredvang, Tel. 76 09 42 33, Fax 76 09 41 12*

Lofoten Gjestebrygger (B–C 9)
Am Hafen von *Fredvang* liegen die preisgünstigen Unterkünfte in den Gebäuden des Fischhändlers (Sjöhus). *Fredvang, Tel. 76 09 42 00, Fax 76 09 42 20, Kategorie 3*

Nusfjord Rorbuer (C 10)
Im bildschönen Postkartenhafen *Nusfjord* liegen die meisten der 33 *rorbuer* rund ums Hafenbecken. Sie bieten jeweils vier bis sechs Personen Platz und sind ganzjährig in Betrieb. Angelboote kann man mieten. *Nusfjord, Tel. 76 09 30 20, Fax 76 09 33 78, Kategorie 3*

Ramberg Gjestegård (C 9)
Seit dem Brand des Hotels gibt es zur Zeit nur in Hütten Unterkunft. Alle liegen dicht am Strand, einige so, daß einem die Mitternachtssonne aufs Bett scheint. Die meisten Zwei-Personen-Hütten sind renoviert, haben WC und Dusche. Neben den Hütten liegt ein Campingplatz. Restaurant im Gjestegård. *Ramberg, Tel. 76 09 31 40, Fax 76 09 35 00, Kategorie 2*

Sund Sjöhus (C 10)
Im alten Fischerhafen Sund bieten Johnson & Sönner ein-

fache Unterkünfte. *Sund, Tel. 76 09 36 86, Kategorie 3*

AUSKUNFT

N 8380 Ramberg Turistinformasjon im neuen Kiosk am Rastplatz zwischen Flakstad Kirke und Ramberg. Mitte Juni–Ende Aug., Mo–Fr 10 bis 19, Sa/So 11–17 Uhr, Tel. 76 09 34 50, Fax 76 09 37 78. Weitere wichtige Rufnummern in der Gemeinde Flakstad: Arzt 76 08 00 00 oder 113, Polizei 76 09 31 09 oder 112, Feuerwehr 76 09 31 00 oder 110

AUSFLUGSZIELE

Wanderungen

Von *Napp* führt ein markierter (mit roten T-Zeichen), nicht immer leicht zu begehender Pfad, der alte Fischerstieg *Flakstadstien,* nach Süden am *Nappstraumen* entlang, in etwa acht bis neun Stunden über *Kilan* und *Nusfjord* nach *Nesland (23 km).* Dabei passiert man auch *Storbåthalleren,* eine schon in der Steinzeit bewohnte große Höhle, in der viele aufschlußreiche Funde gemacht worden sind. Ungeübten sind Teilstrecken zu empfehlen: *Napp-Andopen und zurück (ca. 3 Std.)* am Nappstraumen entlang. Oder: ★ eine *Wanderung von Nusfjord nach Nesland (ca. 2 Std.),* Aufstieg bis 200 m. Nesland (**C 10**), von den Fischern wegen der geringen Wassertiefe aufgegeben und den Sommergästen überlassen, atmet mit seinen alten Gebäuden und dem kleinen natürlichen Hafenbecken noch immer den Hauch vergangener Tage und wird von vielen wegen seines unvergleichlichen Lichts in sonnigen Abendstunden gerühmt.

Eher ein Spaziergang ist es, von *Fredvang* (**B–C 9**) auf der Schotterstraße bis nach *Ytresand* zu fahren und von dort zu Fuß nach *Mulstöa* an der Nordspitze von *Moskenesöy* zu gehen. Hin und zurück *anderthalb Std.* Reizvoll auch: Von *Fredvang* mit dem Wagen nach Süden am *Selfjord* entlang bis zum Wendeplatz am Ende der Straße. Hier beginnt ein Weg, der Wandergewohnte (in *ca. 4 Std.*) nach *Kirkefjord* (**B 10**) am Fjord gleichen Namens führt (weiter mit Personenfähre nach *Reine*). Wer es nicht so anstrengend haben möchte, hält beizeiten mit dem Auto an. Auf halber Strecke zwischen Fredvang und dem Wendeplatz zweigt ein ausgeschilderter Weg nach *Kvalvik* (**B 10**) an der offenen See ab. (Hin und zurück *2 Std., mittelschwer.*)

Ausfahrten

Als Ausflugsziele bieten sich Fahrten mit dem Auto oder dem Linienbus (täglich viermal) auf der E 10 an. Zum Einkaufen lohnt sich eine Fahrt nach *Leknes,* die aber durch die zweifache Maut (je 65 nkr für ein Auto und alle Passagiere) am Nappstraumtunnel relativ teuer wird. Richtung Süden führt die Küstenstrecke am *Vestfjord* entlang nach *Reine, Moskenes, Sörvågen, Tind* und *Å* (**B 10–11**). Von Moskenes kann man mit der Autofähre nach *Væröy/Röst* übersetzen. Wechselnden Fahrplan beachten, die Tour dauert einen ganzen Tag. Die besten Plätze für die Mitternachtssonne sind: *Myrland* (**C 8**), *Vikten* (**C 9**), die Strecke von *Flakstad* über *Ramberg* (Strand vorm Gjestegård!) bis zur Brücke nach Fredvang (**alles C 9**) und *Fredvang* selbst (**B 9**).

Wo der Mahlstrom tosend brodelt

Zwischen Reine, Moskenes und Å entsteht das südwestliche Touristenzentrum der Lofoten

»Ach bitte, wo finde ich Ellingsen?« fragt da ein Tourist. Natürlich hat Ellingsen auch einen Vornamen, aber wenn in Å nach Ellingsen gefragt wird, ist völlig klar, daß nur *der* Ellingsen gemeint sein kann, und der braucht trotz etlicher anderer Ellingsen in der Gegend keinen Vornamen. Er sei in dem Rorbu, da gleich vorne rechts, wird dem Gast bedeutet, und der macht sich auf die Suche. Er findet in der Hütte einen Mann in den Fünfzigern. Aber das kann wohl nicht Ellingsen sein, denn er wischt gerade den Fußboden. Keine Beschäftigung für jemand, dessen Großvater noch »Fischkönig« von Å gewesen ist, dem hier bis zum letzten Nagel das ganze Dorf gehört hat. Vorsichtiges Nachfragen klärt die Situation: Der Saubermann ist Ellingsen. Muß er das selbst tun? Ellingsen lacht: »Nein!« Gewiß nicht. Å sei zwar heute im Besitz einer Stiftung, aber da bleiben doch die alten Familienbindungen, auch wenn Ellingsen die meiste Zeit des Jahres in Oslo und Paris sein Geld als Unternehmensberater verdient. »Und wenn eine Hütte nicht richtig sauber ist, dann packe ich schnell mal selbst mit an.« Auch das ist Norwegen!

Das besondere Licht und die wilde Bergwelt von Reine lockten Maler schon vor 100 Jahren

Wenn der Gast mit der Fähre von Bodö herübergekommen ist, hat er vor der Ankunft auf Moskenesöy zur Begrüßung dieses unglaubliche Hochgebirgspanorama am 100 km breiten *Vestfjord* erlebt: Lofoten pur. Die meisten Touristen aber reisen von Flakstadöy her über die Europastraße 10 an, auch ein Eindruck, den man nicht vergessen wird.

Obwohl *Moskenesöy* bisher nur ein einziges modernes Hotel besitzt, und das bietet nicht mehr als 24 Gästen Platz, entstand an der »Innenseite« der Insel am Vestfjord ein ☆ lebhaftes Touristenzentrum. Die Urlauber finden in den wie an einer Perlenschnur entlang der E 10 aufgereihten Orten Hamnöy, Reine, Moskenes, Sörvågen, Tind und Å in zahlreichen Rorbuer- und Sjöhus-Betten oder auch in Privatquartieren Unterkunft, sofern sie nicht mit dem Zelt, dem Caravan oder dem Wohnmobil kommen.

Der ganze Verkehr rollt allein auf der Europastraße, es gibt keine einzige Nebenstrecke auf dem schmalen Küstenstreifen zwischen Vestfjord und Gebirge. In den drei Sommermonaten trifft man hier heute schon ebensoviele ausländische wie norwegische Autos.

Mag der Tourismus für die Orte auch manchmal schon eine Last sein, den Lofoten selbst kann er, wie etwa den Alpen, nichts anhaben. Ganz einfach: Hier führen keine Straßen und Lifte in die Berge! Die bleiben unangetastet.

Die Insel Moskenesöy hat ihren Namen nach dem Ort *Moskenes,* wo heute die Fähren nach Bodö und nachVæröy/Röst ablegen. Die Gemeinde gleichen Namens umfaßt etwa 60 Prozent der Insel, und zwar den südlichen Teil. Sie ist 117 qkm groß und zählt knapp 1500 Ew. *Reine* ist der zentrale Ort und Sitz von Verwaltung, Polizei und Arzt. Er hat mal gerade 500 Bewohner. Alle anderen Küstendörfer sind kleiner, aber Einkaufsmöglichkeiten finden sich in allen Orten. Erst seit 1963 hat Reine über die Lofotenstraße und die Brücke von Kåkernbru Anschluß an die übrigen Lofoteninseln. Seit einigen Jahren ist auch die letzte lokale Fähre von Hamnöy nach Reine durch eine einspurige Hochbrücke ersetzt worden, auf der heute eine Ampel den Verkehr regelt.

Ein Lokalbus fährt fünfmal am Tag, bedient alle Orte und berücksichtigt die Fährzeiten nach Bodö, so daß Rucksacktouristen ganz bequem zu ihren Quartieren kommen können. Der Linienbus nach Flakstadöy und Vestvågöy verkehrt viermal täglich und hat in Leknes Anschluß nach Svolvær.

Die besonders wilde Bergwelt der Insel und der Zauber des nordischen Sommerlichts lockten schon vor hundert Jahren viele Maler nach *Reine.* Das ist bis heute so geblieben, weil nur selten Hochgebirge und Meer so unvermittelt aufeinanderprallen wie hier. Die Bilder, die vom engen, oft düsteren Kirkefjord gemalt wurden, vom Berg Olstind und vom über 1000 m hohen Hermannsdalstind, sind nicht zu zählen. Für den Touristen unserer Tage bergen Reine und die sich anschließenden Orte eine schier unendliche Fülle herrlicher Fotomotive.

Diese südlichsten Orte der großen Lofoteninseln – von den Norwegern auch Vest-Lofoten genannt – sind ausnahmslos alte Fischerorte, *værer,* die sich einst im Besitz einzelner *fiskekonger* befanden, wie kleine Könige auftretende Fischhändler. Fast ausnahmslos haben die Nachkommen der »Fischkönige« Ruhm und Reichtum vergangener Tage nicht in unsere Zeit retten können. So sind die Orte an der »Lofoten-Riviera« heute nicht mehr in Privatbesitz, sondern eben großenteils Aktiengesellschaften oder Stiftungen. Die haben das Beste aus der Situation gemacht: So viel Altes wie nur möglich erhalten, so viel Touristisches schaffen wie irgend verträglich, damit viele Gäste auf die finanzschwache Insel kommen. Einen kleinen Nachteil haben alle Moskenesöy-Dörfer: Man kann von hier aus die Mitternachtssonne nicht sehen. Dafür muß man eine halbe Stunde Fahrt zur Nordküste von Flakstadöy in Kauf nehmen.

MARCO POLO TIPS FÜR MOSKENESÖY

1 **Museumsdorf Å**
Die Zeit scheint stehengeblieben – ein Fischerdorf wie von 1900 (Seite 67)

2 **Puppenmuseum Sakrisöy**
Norwegens einziges »Dukkemuseum« zwischen Hamnöy und Reine (Seite 68)

3 **Fährfahrt Kirkefjord**
Gemütliche und herrliche Rundfahrt mit der Personenfähre ab Reine (Seite 70)

4 **Vogelfelsen Hamnöy**
Vor der Hochbrücke brüten Dreizehenmöwen an der Straße (Seite 70)

Ob der Besucher das wahre Moskenesöy erlebt, liegt an ihm selbst. Möglichkeiten gibt es genug. Wohnen in den *rorbuer,* fast wie einst ein Fischer. Aber auch wirklich nur fast, denn für den gab es weder Klo noch Dusche. Boot fahren, Angeln, Bergsteigen, mühsames Wandern bis hinaus zu den verlassenen Dörfchen der »Außenseite«. Diese Siedlungen, an der Westküste am offenen Meer gelegen, waren zum Teil bis 1950 bewohnt.

Von Moskenes eröffnet einem die Autofähre einen Besuch der berühmten Vogelfelsen von *Væröy* und *Röst.* Dabei muß das Schiff über den *Moskenesstraumen* (sprich: -strömmen), den legendären Mahlstrom, der, so meinten Jules Verne, Edgar Allan Poe und weniger berühmte, aber gleichfalls phantasiebegabte Schriftsteller, große Schiffe mit Mann und Maus verschlingt. Tatsächlich ist die mächtigste aller norwegischen Gezeitenströmungen verdammt rauh. Bei ungünstigem Wind kann sie auch größeren Fischkuttern gefährlich werden, wenn sich die brodelnden Strudel über stark wechselnder Wassertiefe bilden. Auf den Fähren aber führt sie schlimmstenfalls zu Seekrankheit und ein paar blauen Flecken, wenn man sich nicht richtig festhält. Übrigens werden Sie auf Landkarten und auch sonst verschiedene Schreibweisen finden: Moskstraumen, Moskenstraumen, Moskenesstraumen, die letzte Bezeichnung ist die amtlich richtige.

Auf Moskenesöy unvergessen: 1941 versuchten die Engländer auf den dünn besiedelten Lofoten einen alliierten Stützpunkt im deutsch besetzten Norwegen zu schaffen. *Reine-Raidet* brachte keinen Erfolg, die Truppen zogen sich nach einigen Tagen zurück. Die Aktion blieb aus norwegischer Sicht umstritten, weil der Ort stark zerstört wurde und die Wehrmacht mit Repressalien gegen die Zivilbevölkerung reagierte.

MUSEEN

Museumsdorf Å **(B 11)**

★ In Å ist man auf zwei Dinge stolz: Auf seinen Namen, den kürzesten Ortsnamen der Erde – wobei man gern verschweigt, daß es in Norwegen noch zwei weitere Dörfer mit gleichem Namen

Fast das ganze Dorf Å ist ein Museum, hier das Törrfiskmuseum

gibt. Und auf sein *Fischereimuseum* und das auf demselben Gelände liegende *Törrfiskmuseum,* das Stockfischmuseum. Genaugenommen ist ganz Å ein Museum, denn die vielen Gebäude, die das Museum bilden, sind über das ganze Dorf verstreut und stehen noch an der Stelle, wo sie einst benutzt wurden: Bootshäuser, Schmiede, Trankocherei, Bäckerei und Rorbuer. So bekommt man einen guten Eindruck, wie es früher in einem *fiskevær* zugegangen ist.

Im Stockfischmuseum erfährt man alles über die Kunst, den Dorsch richtig zu trocknen und zu sortieren: in 18 verschiedenen Qualitätsklassen. *Å-Museum 1. Juli–10. Aug. tgl. 10–18, sonst 9–16 Uhr, Sa/So geschl., Eintritt 25, Kinder 15 nkr. Törrfiskmuseum: 1. Juli–10. Aug. tgl. 10–18, sonst 9 bis 16 Uhr, Sa/So, geschl., Eintritt 25, Kinder 15 nkr*

Puppenmuseum Sakrisöy (B 10)
★ Auf der winzigen Insel Sakrisöy liegt Norwegens einziges »Dukkemuseum«. 400 Puppen *(dukke),* dazu Puppenhäuser, Teddys und anderes Spielzeug sind hier zusammengetragen. Am interessantesten die selbstgefertigten Stücke aus den umliegenden Dörfern. Im ersten Stock des ehemaligen Lagerhauses hat sich ein An- und Verkauf aufgetan. *Sakrisöy, an der Brücke zwischen Hamnöy und Reine, tgl. 10–20 Uhr, Eintritt 30, Kinder 15 nkr*

RESTAURANTS/CAFÉS

Bekkhaugen Kafe (B 11)
Im hübschen weißgestrichenen Ruhesitz des einstigen »Fischkönigs« von Å ist heute ein Café eingerichtet, in dem man bei schöner Aussicht Kaffee und Kuchen bekommt. Schankrecht für Wein und Bier. *Å, Tel. 76 09 11 21, Kategorie 3*

Brygga Restaurant (B 11)
Auf einer alten Brücke im Hafen von Sörvågen liegt das modernisierte Brygga Restaurant, in dem natürlich Fisch im Mittelpunkt steht. Alle Schankrechte. *Sörvågen, Tel. 76 09 15 72, Kategorie 2*

Gammelbua (B 10)
Uriges Fischrestaurant, in dem man gut essen kann. Alle Schank-

rechte. *Reine, Tel. 76 09 22 22, Kategorie 2*

Havly Fiskarheim (B 10)
Natürlich Fisch auf vielerlei Art. Schankrecht für Wein und Bier. *Reine, Tel. 76 09 21 09, Kategorie 3*

Nye Vest-Lofoten Hotel (B 11)
In Moskenesöys einzigem modernen Hotel direkt an der E 10 in Sörvågen gibt es auch ein kleines Restaurant, alle Schankrechte. *Moskenesöy, Tel. 76 09 13 66, Kategorie 2*

EINKAUFEN

Kaufmannsläden oder auch kleine Supermärkte findet man in allen Orten. Souvenirs an einigen Kiosken oder an den Kassen der Museen.

ÜBERNACHTUNG

(Hotels und Herbergen, nach Orten der Straße E 10 folgend)

Fiskarheimen Havly (B 10)
In Reine am Hafen gelegen. *Reine, Tel. 76 09 21 97, Kategorie 3*

Nye Vest-Lofoten Hotel (B 11)
In Sörvågen. Es ist gerade modernisiert; zwölf Zimmer mit Bad, direkt an der E 10. *Sörvågen, Tel. 76 09 13 66, Fax 76 09 15 65, Kategorie 2*

Hennumgården (B 11)
Sieben Zimmer alle ohne Bad, am Hafen. *Sörvågen, Tel. 76 09 12 11, Kategorie 3*

Å Vandrerhjem (B 11)
13 Zimmer (34 Betten) ohne Bad. *Å, am Hafen, Tel. 76 09 11 21, Fax 76 09 12 82, Kategorie 3*

Rorbuer
Hamnöy (**B 10**)*: Eliassens Rorbuer,* 18 Häuser für je 3–6 Personen, *Tel. 76 09 23 05, Fax 76 09 24 40; Mildred Hansen Rorbuer, Tel. 76 09 23 12; Wulff-Nilsens Rorbuer,* 15 Häuser für 4–8 Personen, *Tel. 76 09 23 20, Fax 76 09 21 54, alle Kategorie 3*

Kirkefjord (**B 10**)*: Nordgård Hytteutleie Bunesfjord, Tel. 76 09 14 41, Vinstad-Feriehus, Tel. 76 09 14 26, Fax 76 09 22 61, beide Kategorie 3*

Reine (**B 10**)*: Berntsen Rorbuer,* vier Häuser für bis zu 6 Personen, *Tel. 76 09 23 21, Kategorie 3; Reine Rorbuer,* 20 Häuser für je 2–8 Personen, *Tel. 76 09 22 22, Fax 76 09 22 25, Kategorie 2–3; Rostad Rorbuer,* neun Häuser für 2–5 Personen, *Tel. 76 09 23 67, Fax 76 09 21 84, Kategorie 3; Sakrisöy Rorbuer,* acht Häuser für 4–10 Personen, *Tel. 76 09 21 43, Fax 76 09 24 88, Kategorie 3*

Sörvågen (**B 11**)*: Kjell-Arntzens Rorbuer, Tel. 76 09 12 14; Stoltenberg Rorbuer, Tel. 76 09 13 29; Thorshamn Rorbuer, Tel. 76 09 11 16; Vest-Lofotens Feriesenter, Tel. 76 09 15 44, alle Kategorie 3*

Å (**B 11**)*: Hamna Rorbuer,* 14 Häuser für 4–6 Personen, *Tel. 76 09 12 11, Fax 76 09 11 14; Å Rorbuer* (beim Wandererheim), 19 Häuser für 3–10 Personen, *Tel. 76 09 11 21, Fax 76 09 12 82; Vågen Rorbuer,* drei Häuser für je 4 Pers., *Tel. 76 09 13 82, alle Kategorie 3*

Sjöhus
Sjöhus-Quartiere sind meist einfache Zimmer im 1. Stock des Lagerhauses eines Fischhändlers, oft ohne Dusche und separates WC.

Reine (**B 10**)*: Andöy Sjöhus, Tel. 76 09 21 62; Åse Andersen Sjöhus, Tel. 76 09 21 22; Nyböen Sjöhus, Tel. 76 09 22 39; Havgula Sjöhus, Tel. 76 09 23 57; Perlons Sjöhus, Tel. 76 09 21 18; alle Kategorie 3*

Tind (**B 11**)*: Moskenes Fiskeindustrie, Tel. 76 09 12 00, Kategorie 3*

AUSKUNFT

N 8392 Moskenes (am Fährkai). Geöffnet 1. Juni–15. Sept., Mo–Fr 9.30 bis 16.30, Sa/So nur bis 7. Aug. 10–16 Uhr, Tel. 76 09 15 99. Weitere wichtige Rufnummern in der Gemeinde Moskenesöy: Arzt 76 08 00 00 oder 113, Polizei 76 09 31 09 oder 112, Feuerwehr 76 09 23 80 oder 110, Gemeindeverwaltung 76 09 21 90

AUSFLUGSZIELE

Wer mit dem Auto einen Ausflug machen will, dem bleibt nur die E 10 in Richtung Nordosten nach Flakstadöy. Dorthin müssen Sie auch von der »Riviera« (ca. 30 km), wenn Sie die Mitternachtssonne sehen wollen. Gute Plätze gibt es bei *Ramberg* (**C 9**) und *Fredvang*. Die Stellen sind nicht zu verfehlen, dort parken in der Nacht immer ein paar Autos. In der anderen Richtung endet in Å die Lofotenstraße vor steiler Felswand. Von hier aus geht es nur noch mit dem Boot weiter.

Wen es auf die Vogelinseln *Værøy* (**E–F 10**) und *Röst* (**D 11**) lockt, der fährt ab Moskenes mit der Autofähre und kann sich dort in der Touristinformation schon eine Karte für eines der Boote (je 15 Personen) zu den eigentlichen Vogelfelsen reservieren lassen. Man braucht für solchen Ausflug ab Moskenes einen vollen Tag. Im Touristenbüro erfahren Sie die andere Möglichkeit: mit einem Fischkutter mitzufahren, entweder vom gemieteten Boot aus auf eigene Faust zu angeln oder im Süßwasser zu fischen an einem der zahlreichen Binnenseen. In jedem Fall sollten Sie die Ratschläge erfahrener Einheimischer genau beachten, die Gewässer um die Insel sind tückisch.

Im Informationsbüro kann man Ihnen auch sagen, ob und wann eine Gelegenheit besteht, mit einem Kutter die verlassenen Dörfer auf der »Außenseite« zu besuchen und besonders die Steinzeit-»Fresken« *Hulemalerier* in der *Refvikhöhle* (**A 11**) dort draußen zu besichtigen. Sie sollen vor 3000 Jahren entstanden sein, als die Altvorderen die rote Eisenoxydschicht für ihre »Strichmännlein« abkratzten. Die wurden erst 1987 entdeckt. Skeptiker meinen, sie seien erst in jenem Jahr geschaffen worden – ein Studentenulk?

Fährfahrt Kirkefjord (B 10)

★ Eine der schönsten Fjordstrecken auf den Lofoten. Und obendrein noch einfach zu erreichen und billig. Ab Reine startet dreimal am Tag, am Wochenende nur zweimal, die Personenfähre *Lofotfjord I* zur Rundtour durch den gewaltigen Kirkefjord und seine Nebenfjorde, legt an kleinen Landestegen an, Post und Milchkannen werden ausgeladen. Wer Lust hat, steigt aus, wandert ein Stück und fährt mit der nächsten Fährrunde wieder nach Reine zurück.

Vogelfelsen Hamnöy (B 10)

★ Vielleicht haben Sie es gar nicht gemerkt, als Sie in Hamnöy ankamen, daß Sie mitten durch eine Vogelkolonie gefahren sind. Dann sollten Sie unbedingt noch einmal einen kleinen Ausflug dorthin machen.

Als die Hochbrücke nach Reine gebaut wurde, mußte die Straße mitten durch die Brutkolonie gesprengt werden. Das hat die Dreizehenmöwen dort schrecklich aufgeregt, konnte sie aber nicht vertreiben. So brüten sie denn heute noch direkt am Straßenrand auf winzigen Felssimsen und lassen sich von ganz Bequemen direkt aus dem Auto fotografieren – einmalig in Norwegen!

Wanderungen

Am besten wandert man von den Anlegestellen der Kirkefjord-Personenfähre aus. Zum Beispiel von *Vinstad* (**B 10**) nach *Buneset (am offenen Meer)* und zurück. Das dauert etwa 4 Std. hin und zurück, ist nicht zu anstrengend und belohnt Sie vor dem Abstieg zur See mit einem herrlichen Ausblick.

Sehr schön und nicht zu schwer, wenn auch etwas weiter, ist die Wanderung vom Anlegeplatz Kirkefjord nach *Horseid* (**B 10**) und zurück. Horseid liegt ebenfalls am freien Meer.

Wer nicht so gut zu Fuß ist, begnügt sich vielleicht mit einem Spaziergang zum Campingplatz von Å (**B 11**), von wo aus man einen schönen Blick über den verrufenen Moskenesstraumen auf Væröy und Röst hat. Für schwierige Routen und Klettertouren im Gebirge: Im Touristenbüro genau erkundigen! Es gibt ausgesprochen schwere Strecken.

Die Straße nach Hamnöy führt mitten durch die Brutkolonie der Dreizehenmöwen

Das Paradies der Meeresvögel

Die südlichsten Inseln der Lofoten liegen einsam weit draußen in der See: Norwegens größte Vogelkolonien

Das Boot zu den Vogelfelsen will im Hafen von *Röst* gerade ablegen, als noch ein Fahrgast angehechelt kommt, ein Mann im Rentneralter. Er begrüßt den Bootsführer mit Handschlag. Der stutzt, blickt dem anderen scharf ins Gesicht. Endlich ein Lächeln des Erkennens. »Hei!« sagt er, »du bist aber alt geworden seit letztem Jahr! Ich wußte erst gar nicht, wer du bist.« Nordmann-Charme, geradeheraus zu sagen, was Sache ist. Er wirft die Leinen los und steuert sein Boot zwischen kaum zu zählenden Inselchen hindurch zu den steil aus dem Meer aufragenden Felszinnen, die im Südwesten von Röst unvermittelt aus dem Meer aufsteigen. Die Fahrt in die größten Seevogel-Kolonien Norwegens ist ein unvergeßliches Erlebnis. Deswegen kommen die Touristen nach Röst und zur Nachbarinsel *Væröy.*

Scharen von Möwen, Lummen, Alken umkreisen augenverwirrend auf der Seeseite die Felswände. Ohrenbetäubender Lärm liegt über der See, deren lange Dünung das Boot dicht vor der Steilwand wiegt. Das ist ein Schreien, Krächzen und Rufen, das sich urplötzlich zu einem schmerzhaften Crescendo steigert, wenn ein Adler, ein Kolkrabe oder eine Raubmöwe über der Kolonie auftaucht und schlagartig ein riesiger Schwarm von Dreizehenmöwen aus der Wand startet und die Luft wie mit riesigen flatternden Schneeflocken erfüllt. Ein Bild, wie es nur an wenigen Plätzen der Erde noch zu sehen ist. *Vedöy, Storfjellet, Trenyken und Hernyken* heißen die Brutfelsen, die bis zu 250 m hoch steil und kaum zugänglich aus dem Meer aufsteigen. Der Vogelfelsen auf Væröy selbst kommt noch hinzu, alle nach Westen, zur offenen See hin gelegen.

Seit der letzten Eiszeit hat die Sicherheit der Brutplätze und das schier unerschöpfliche Nahrungsangebot des Meeres hier kaum vorstellbare Mengen von Seevögeln zusammengeführt. Und noch immer gesellen sich neue Arten hinzu, werden bald selbst zu Brutvögeln wie der Eissturmvogel *(havhest),* der aussieht wie eine Möwe, aber zu einer an-

Papageientaucher, die Kobolde der großen Vogelfelsen

MARCO POLO TIPS FÜR VÆRÖY/RÖST

1 **Geisterdorf Måstad**
Auf Væröy fahren die Vogelboote auch zu dem verlassenen Dorf Måstad. Teuer, aber interessant (Seite 76)

2 **Vogelkolonien**
Auf beiden Inseln tägliche Bootsfahrten zu den Brutkolonien der Seevögel, den größten Norwegens (Seite 77)

deren Gattung gehört. Ganz unten, dicht über dem Wasser, ist das Reich der schwarzen gänsegroßen Kormorane *(skarv)*, ungeschickten Fliegern, aber umso besseren Schwimmern und Tauchern. Nach dem Fischzug sitzen diese Vögel mit ausgebreiteten Schwingen dicht über der Brandung und trocknen ihr Gefieder. Über ihnen nistet die kleinere Gryllteiste *(teist)*, die zu den Alken gehört. Das nächste Stockwerk ist ein wahres Wohnsilo: Dicht an dicht brüten hier die Dreizehenmöwen *(krykkje)* in unvorstellbaren Mengen, die einzigen Möwen mit schwarzen Füßen. Behäbig und im Vergleich mit ihnen fast unbeholfen die Trottellummen *(lomvi)*, die gedrängt das nächste Stockwerk bewohnen. Deren nahe Verwandte, die Tordalke *(alke)*, hausen noch »eins höher« und lieben Abstand zwischen den Nestern. Die nächste Etage, wo im Fels schon Erde für ihre Bruthöhlen vorkommt, ist das Reich der putzigen Papageientaucher *(lundefugl)*, die mit ihrem Kellnergefieder und den dicken bunten Schnäbeln die Lieblinge aller sind. Die prallen kleinen Burschen sind unglaublich geschickte Taucher und Sandaal-Fänger. Glücklicherweise brüten wenigstens einige von ihnen oft schon dicht überm Wasser, so daß Bootstouristen die lustigen Kerle meist auch aus der Nähe zu sehen bekommen. Oben folgen der Papageien-Etage die Möwen, die Allesfresser, die Aas ebenso nehmen wie Eier, einen unbewachten fremden Jungvogel oder Fischreste, die aus den Nestern gefallen sind. Die größte von ihnen: Die Mantelmöwe *(svartbak)* ist an ihrem dunklen Rückengefieder zu erkennen.

Abseits der eigentlichen Brutreviere horsten an unzugänglichen Stellen Kolkraben *(ravn)*, von den meisten Seevögeln gefürchtete Nesträuber. Ebenso abseits der dicht besiedelten Gebiete bauen die Seeadler *(havörn)* in fast senkrechter Felswand ihren Horst. Auch sie leben von der Kolonie, schlagen aber auch Fische, die dicht unter der Wasseroberfläche stehen, und junge, meist kranke Lämmer. Deshalb wurden sie jahrhundertelang verfolgt. Als die Seeadler in Norwegen endlich geschützt wurden, gab es dort von Europas größtem Raubvogel gerade noch sieben Exemplare. Jetzt sind es wieder über tausend, genug, daß kürzlich 30 Jungvögel zum Auswildern an Schottland gegeben werden konnten.

Fragt man einen *Röstinger,* ob seine Insel eigentlich zu den Lofoten gehöre, bringt man ihn ein bißchen in Verlegenheit. »Ja, schon ...«, wird er schließlich einräumen, »Behörden und Polizei und so, da ist Svolvær für uns zuständig. Aber sonst sind wir ja eigentlich ganz nach Bodö orientiert.« Röst und die Nachbarinsel Væröy sind die winzigen südlichsten Vorposten der Lofoten weit draußen in der stürmischen Norwegischen See, 100 km vom Festland und ein bis zwei Fährstunden von der Insel Moskenesöy entfernt. Sie hängen am Tropf von Bodö: Von dort schaffen Fähre, Flugzeug und Hubschrauber die meisten Gäste, die fast ausschließlich der Vogelfelsen wegen kommen, und alle notwendigen Versorgungsgüter heran. Freilich, die Fährlinie geht inzwischen auch nach Moskenes auf Moskenesöy weiter, doch ist dieser Teil der Verbindung aus Sicht der Inselbevölkerung für den Tourismus wichtiger als für sie selbst.

Röst und Væröy stecken voller Merkwürdigkeiten. Nicht nur, daß Röst mit seinen 690 Bewohnern die zweitkleinste selbständige Gemeinde Norwegens ist. Nicht nur, daß auf Væröy und Röst mit 2,5 Mio. Vögeln gut 25 Prozent aller Meeresvögel des Landes brüten. Auf Röst reift auch noch der beste *törrfisk* (Stockfisch) Norwegens heran. Das gerade einmal 11 qkm große Eiland, 130 km nördlich des Polarkreises, ist im Jahresmittel einer der wärmsten Plätze Norwegens. Wie bitte? Das klingt wie ein Witz! Es ist aber Realität. Die Ausläufer des Golfstromes, der die norwegische Küste beheizt, umspülen die frei in der See liegende Insel Tag für Tag und lassen auch im tiefsten Winter das Quecksilber fast nie unter den Gefrierpunkt sinken. Das mag der Stockfisch!

Die bewohnte Insel *Röstlandet* (**D 11**) ist flach wie eine Flunder. Ganze 12 m über See mißt der höchste Punkt. So kann man zwar an allen Stellen von der Insel aus die Mitternachtssonne ganz wunderbar sehen, aber: Nirgendwo ein bißchen Schutz vor den ewig wehenden Winden, vor der grausamen Wucht der Winterorkane, von denen 1835 die ganze Kirche weggerissen wurde. Die Wände der Wohnhäuser, alle aus Holz, biegen sich bei schwerem Sturm manchmal wie Segel. Niemand regt sich auf, wenn mal wieder die Kommode ein Stück ins Zimmer geschoben worden ist. So ist Röst, mehr noch als die Nachbarinsel Væröy, kein Platz, um dort länger Urlaub zu machen. Aber einen Besuch sind die beiden einzigartigen Inseln allemal wert. Das flache Röstlandet, von 365 Inselchen und Schären umgeben, bietet zwischen den vielen Teichen und Mooren genügend Weideland für Schafzucht. Der Kontrast zu den Vogelfelsen könnte nicht größer sein!

Ganz anders als Röst, weil selbst felsig mit steilen Abbrüchen: die Nachbarinsel *Værøy* (**E–F 10**). Lofoten in der Nußschale, so wird sie manchmal genannt. Kein schlechter Vergleich! Auch sie ist eine selbständige Gemeinde, mit 18 qkm ein wenig größer und von 840 Menschen bewohnt, die stolz auf ihre 21 km asphaltierte Straßen verweisen. Darauf drängen sich

Væröy: Kleine Häuser auf kleiner Insel

nicht weniger als 457 Autos! Wo man so wenig fahren kann, ist der Wunsch, zumindest das Wenige zu tun, offensichtlich besonders groß.

Die höchsten Berge sind um die 450 m. An der Südwestküste der Insel hatten im Vogelfelsen bis nach 1945 die Einwohner des nahen Ortes *Måstad* das Recht, Papageientaucher *(lundefugl)* zu fangen, ein halsbrecherisches Unternehmen in der steilen Felswand. *Lundehunde,* allein hier heimische kleine Hunde, die an jeder Pfote eine Kralle mehr als alle anderen Rassen haben, holten die Vögel aus ihren Bruthöhlen. Das Fleisch pökelte man ein und aß es im Herbst, ehe die Dorschschwärme kamen. Måstad ist inzwischen aufgegeben worden, die Häuser verfallen. Aber man kann mit dem Touristenboot einen Ausflug dorthin machen und im Geisterdorf spazierengehen. In die Brutgebiete zu steigen, ist heute strikt verboten. Nur für Berufsornithologen werden Ausnahmen gemacht.

Touristen bietet sich aber auch auf Væröy die Möglichkeit, den Vogelfelsen vom Boot aus zu beobachten. Es gibt täglich organisierte Fahrten – ein Zubrot, das sich einige Fischer gern verdienen. Wie Röst lebt auch Væröy bis heute fast ausschließlich vom Fischfang. *Bootsfahrt 150 nkr*

BESICHTIGUNGEN

Altarschrein Röst (D 11)

Prinzessin Elisabeth der Niederlande gelobte nach Rettung aus Seenot ein Dankopfer und stiftete fünf Altäre. Einen davon erhielt die einzige Kirche von Röst 1520. Er hat auf der Insel fünf Kirchengebäude überlebt. Hier läßt der Wintersturm kein Haus alt werden. *Röst*

Geisterdorf Måstad (E 10)

★ Auf *Væröy* unternehmen die Boote bei genügender Beteiligung auch (nicht gerade billige) Ausflugsfahrten mit Landgang zum verlassenen Fischerdörfchen Måstad. Der Ort, in dem vor 40 Jahren noch 150 Menschen lebten, wirkt heute wie die Kulisse für einen Gruselfilm. Es ist geplant, wenigstens einen Teil der Häuser vor dem völligen Verfall zu bewahren. *Bootsfahrt 210 nkr*

Kirche Nordland (F 10)

An der Nordspitze von Væröy steht in *Nordland* die alte Holzkirche, die Væröy »aus zweiter Hand« bekommen hat. Sie wurde 1799 in Kabelvåg auf der Insel Austvågöy abgebrochen und mit Schiffen hierher verfrachtet. Neben der Kirche ist ein kleines Heimatmuseum. Von hier haben Sie einen schönen Blick auf die unbewohnte Insel *Mosken* und über den *Moskenesstraumen* auf die Südspitze von Moskenesöy. *Nordland*

Vogelkolonien **(E 10–C 12)**
★ Auf *Væröy* fahren die Boote vom einzigen Hafen im Südosten der Insel ab. Auf *Röst* liegt der einzige Hafen im Südwesten. In beiden Fällen dauern die Ausflüge mehrere Stunden. Die Boote fahren so dicht an die Felsen heran, daß man zumindest die Nistplätze im unteren Bereich gut fotografieren kann. Trotzdem: Fernglas mitnehmen! Die Abfahrtszeiten variieren. Zu erfragen in allen Touristenbüros der Lofoten. Schon in Moskenes kann man für Tagestouren von den »richtigen« Lofoten aus Kombifahrkarten Autofähre/Boot kaufen.

RESTAURANTS/CAFÉS

Kornelius Kro **(F 10)**
Auf Væröy das einzige Insel-Restaurant mit vollem Schankrecht. *Væröy, Tel. 76 09 52 99, Kategorie 2*

Prestegård **(F 10)**
Einfaches Restaurant auf Væröy, Schankrecht Wein und Bier. *Væröy, Tel. 76 09 54 11, Kategorie 2*

Stephanies Kafe & Restaurant **(D 11)**
Volles Schankrecht hat dieses Restaurant auf Röst. *Röst, Tel. 76 09 64 80, Kategorie 2–3*

ÜBERNACHTUNG

Für relativ Anspruchslose.

Væröy **(alle F 10)**
Kornelius Kro: fünf komfortable Hütten mit insgesamt 20 Betten. *Tel. 76 09 52 99, Kategorie 3; Prestegård:* 11 Zimmer, davon haben fünf ein Bad. *Geöffnet nur 16. Juni–15. Sept. Tel. 76 09 54 11, Fax 76 09 54 84, Kategorie 3; Vandrerhjem:* sechs sehr einfache Zimmer und vier Rorbuer mit bis zu acht Betten. *Langodden, Tel. 76 09 53 75, Kategorie 3*

Röst **(alle D 11)**
Fiskarheimen Havly – 18 Zimmer, davon sieben mit Bad. *Tel. und Fax 76 09 61 09, Kategorie 2–3,* angeschlossen auch ✝ *Röst Vandrerhjem:* einfaches Quartier, drei Zimmer mit 20 Betten, *Kategorie 3; Karöya Sjöhus* – sehr einfache Zimmer, *Tel. 76 09 62 38, Kategorie 3; Röst Turistsenter,* relativ komfortable Zimmer, *Tel. 76 09 64 90, Fax 76 09 60 41, Kategorie 3*

AUSKUNFT

N 8063 Væröy: Am Hafen, geöffnet 15. Juni–15. Aug. Mo–Sa 10 bis 14 Uhr, Tel. 76 09 52 10. Weitere wichtige Rufnummern: Arzt 76 09 52 66 oder 113, Polizei 76 09 53 17 oder 112

N 8064 Röst: 15. Juni–15. Aug. Mo–Fr 9–11 und 17.30–20.30, Sa 12.30–15.30, So 15–17 Uhr. Wichtige Rufnummern: Arzt 76 09 63 99 oder 113, Polizei 76 09 53 17 oder 112

AUSFLUGSZIELE

Die Ausflugsmöglichkeiten von den Inseln sind zugleich die Verkehrsverbindungen für die Anreise. Nach Bodö (Festland) besteht von beiden Inseln ständige Fährverbindung. Die Schiffe laufen auch Moskenes auf Moskenesöy an. In der Saison für Autos Plätze reservieren! Von Röst gehen nach Bodö regelmäßig Flüge. Die Fluglinie zwischen Væröy und Bodö mußte durch tägliche Hubschrauberflüge ersetzt werden, weil sich der Flugplatz der Insel bei stürmischem Wetter als zu gefährlich erwies.

Wo die Wale Modell schwimmen

Größer als die Lofoten, nördlicher, höhere Berge, mehr Wald, aber eben doch nicht die Lofoten

Manchmal sind die Leute von den Vesterålen auf die Lofotentouristen nicht gut zu sprechen. »Die brettern bei uns durch, trinken kaum 'ne Cola, wollen nur so schnell wie möglich nach drüben. Dabei gibt es doch auch bei uns alles, was die Lofoten bieten. Fisch und Häfen die Menge, einsame Strände, wilde Gebirgswelt, sogar mit höheren Bergen, mehr Wald, mehr kleinen Städten. Und nördlicher liegen wir auch noch. Warum machen die Gäste nicht häufiger bei uns Station oder kommen wenigstens auf einen Sprung von den Lofoten herüber?« Gute Fragen! Und richtige Argumente.

Mit 2368 qkm sind die Vesterålen fast doppelt so groß wie die Lofoten und haben mit 32 000 Bewohnern auch mehr Menschen als die südlichen Nachbarn. Landschaftlich weniger schön? So kann man das nicht sagen. Ihr Nachteil ist einfach, daß alles ein bißchen »breiter auf dem Teller« liegt. Trotz der höheren Gipfel fehlt das Kompakte, Gedrängte, dramatisch Zusammengepreßte von offenem Meer und hochalpinem Gebirge auf engem Raum. Dennoch, falls Sie nicht sowieso schon mit dem Wagen oder dem Bus über Narvik und die E 10 die Inselgruppe der Vesterålen durchquert haben, um Ihr Endziel zu erreichen, ein Abstecher zu den nördlichen Nachbarn lohnt sich.

Unterwegs zur Walsafari

Sie erreichen die Inseln vom nördlichsten Lofotenhafen Fiskeböl aus. Der gehört, wenn man nach den Verwaltungsgrenzen geht, eigentlich selbst schon zu den Vesterålen. Die häufig verkehrenden Fähren bringen Sie nach Melbu auf der südlichsten Vesterålen-Insel Hadselöy. Ihnen schließen sich nach Norden, durch Brücken verbunden, Langöy, Hinnöy und Andöy an. Norwegens größte Insel Hinnöy zählt allerdings nur zum kleineren Teil zu den Vesterålen und damit zur Provinz Nordland. Der größere mit der 22 000-Einwohner-Stadt Harstad rechnet schon zur Provinz Troms. Die weiteste Entfernung auf den Inseln von Melbu im Süden nach *Andenes* im Norden: 145 km. Dort, in Andenes, starten die Walkutter zur Fotosafari, denn in den Gewässern

MARCO POLO TIPS FÜR VESTERÅLEN

1 **Hurtigrutemuseeet**
An der Geburtsstätte der Postdampferlinie in Stokmarknes alles über die schönste Reise (Seite 80)

2 **Vesteråls Museet**
In Melbus altem Herrenhof werden vergangene Tage lebendig (Seite 80)

3 **Handelsplatz Jennestad**
Sehenswert allein schon der alte Kaufmannsladen mit der 14 m langen Theke (Seite 81)

4 **Walsafari**
Einzigartiges Erlebnis mit »Fotogarantie« vom Hafen Andenes aus (Seite 83)

vor dem alten Hafen schwimmen im Hochsommer die Wale vor Touristenkameras Modell.

HADSELÖY

(**E–F 1–2**) Die Insel selbst ist relativ uninteressant. Ganz hübsch aber das Städtchen *Stokmarknes* (**E 1**), sein Zentrum (knapp 4000 Ew.), ein alter Handelsplatz. Hier wurde 1893 die legendäre *Hurtigrute* gegründet, die seitdem für die ständige, heute tägliche schnelle Schiffsverbindung zwischen dem hohen Norden und dem übrigen Norwegen sorgt. In *Melbu* (**E 2**) (2200 Ew.), dem Fährhafen nach den Lofoten, wird jedes Jahr im August das Kulturfestival *Sommer-Melbu* veranstaltet, eine bunte Mischung aus Kammermusik, Gourmet-Wettbewerben, Vorträgen über Kunst und Wissenschaft, Seminaren über Tagesthemen und moderne kommunale Verwaltung.

MUSEEN

Hurtigrutemuseeet (**E 1**)
★ In *Stokmarknes* mit Blick auf Hafen und Hochbrücke erfährt man alles über die bewegte Geschichte der Postdampferlinie. Auch eine Postkajüte und eine komplette alte Kommandobrücke wurden wieder aufgebaut. Im Museumscafé mit schöner Aussicht stehen Waffeln, Marmelade, Kaffee und Limonade zur Selbstbedienung auf dem Tisch. Das Geld legt man auf einen Teller. *Stokmarknes, im Sommer tgl. 10–18 Uhr, Eintritt 25 nkr*

Vesteråls Museet (**E 2**)
★ In *Melbu* im *Melbu Hovedgård* (Herrenhof) liegt das Heimatmuseum mit stilvoll renoviertem Gutshof, altem Schulzimmer und einem Tante-Emma-Kramladen. An die hübsche Parkanlage schließt sich das Fischindustrie-Museum mit einer ehemaligen Heringsölfabrik an. In diesem Komplex liegt auch der *Rödgården* mit seiner Kunstausstellung. *Melbu, 19. Juni–19. Aug., Mo–Fr 9–15, Sa/So 11–15 Uhr, Eintritt 20 nkr, Kinder 10 nkr*

RESTAURANTS

Kinnarps Turist- og Kurssenter (**E 1**)
Das zum Hotel gehörige Restaurant gilt als das beste des

Ortes. *Böröya, Stokmarknes, Tel. 76 15 29 99, Kategorie 2*

Melbu Hotell **(E 2)**
Hier wird eine gediegene, gutbürgerliche Küche serviert. *Melbu, Chr. Frederiksens g., Tel. 76 15 70 00, Kategorie 2*

ÜBERNACHTUNG

Kinnarps Turist- og Kurssenter **(E 1)**
Anspruchsvolleres Haus, 25 Zimmer, behindertengerecht. *Böröya, Stokmarknes, Tel. 76 15 29 99, Fax 76 15 29 95, Kategorie 2*

Melbu Hotell **(E 2)**
Günstig in der Nähe des Fähranlegers. *54 Zi., Melbu, Chr. Frederiksens g., Tel. 76 15 70 00, Kategorie 2*

Melbu Turistheim **(E 2)**
Preiswert und sauber, auch Familien- und Allergikerzimmer. *36 Zi., Melbu, Tel. 76 15 71 06, Fax 76 15 83 82, Kategorie 3*

Hotell Vesterålen **(E 1)**
Modernes Hotel, oft von Reisegruppen belegt. 39 Zimmer, behindertengerecht. *Im Ortszentrum von Stokmarknes, Tel. 76 15 19 00, Fax 76 15 11 40, Kategorie 2*

AUSKUNFT

N 8450 Stokmarknes Turistkontor, Markedsbrygga, Tel. 76 15 29 55, im Sommer Mo–Fr 10–18, Sa 10 bis 15.30, So 11–15.30 Uhr

LANGÖY

(**O**) Die Insel ist von Hadselöy über eine Brücke in Stokmarknes (16 km von Melbu) zu erreichen und bei Sortland (30 km von Stokmarknes) ist sie ebenfalls durch eine Brücke mit Hinnöy verbunden. Die Stadt *Sortland* (4000 Ew.) bildet das Verwaltungs- und Wirtschaftszentrum. Die Einteilung der Insel in verschiedene großflächige Gemeinden ist verwirrend, aber für den Touristen ohne Interesse. Außer Myre (2500 Ew.) im Norden der Insel gibt es kaum größere Ansiedlungen. Interessant ist jedoch der alte Handels- und Fischerort *Jennestad,* nördlich von Sortland.

Die Straßen 820 und 821 folgen über weite Strecken den zerklüfteten Küstenlinien und bieten ständig wechselnde Ausblicke und an der offenen See gute Aussichtspunkte zur Mitternachtssonne. Imposant der enge *Eidsfjord* im Südwesten, vor 1900 ein Dorado des Heringsfangs. Dann lebten dort statt der 1 000 ständigen Bewohner 25 000 Saisonarbeiter. Ackerbaugebiete und Wälder machen den Kontrast zu den Lofoten deutlich. (nördlich von **F1**)

MUSEEN

Geisterstadt Nyksund
Eigentlich kein Museum im strengen Sinn, und Eintritt kostet es auch nicht: Der ganze Ort am Nordende der Straße 821 (44 km von Jennestad) wirkt in seinem gespenstischen Ambiente wie eine Filmkulisse. Nyksund, bald nach dem Krieg aufgegeben, vermittelt trotz des Verfalls einen guten Eindruck vergangener Tage. Der letzte Bewohner, ein greiser Fischer, gab 1977 auf und zog ins 13 km entfernte Myre.

Handelsplatz Jennestad
★ Zehn km nördlich von Sortland liegt an der Straße 820 der

einst bedeutende Handelsplatz Jennestad, der heute in der Saison zu musealem Leben erwacht. Dann öffnet der alte Kramladen mit der 17 m langen Theke und den 153 Schubfächern dahinter. Er könnte dem Dichter Knut Hamsun als Vorbild für seinen Roman »Landstreicher« gedient haben.

Im Sommer finden in Jennestadt Kunst- und Kunstgewerbe-Ausstellungen, manchmal auch Konzerte statt. *Im Sommer Mo–Fr 11–18, Sa/So 14–18 Uhr, Eintritt 25 nkr*

RESTAURANTS/HOTELS

Sortland Nordic Hotell
Das Restaurant hat einen guten Ruf. Ein modernes Haus mit allen Einrichtungen. *79 Zi., Sortland, Vesterålsg. 59, Tel. 76 12 18 33, Fax 76 12 22 02, Kategorie 1–2*

Strand Hotell
Etagenhotel im ersten Stock eines Gewerbeblocks, direkt am Sund, mit Restaurant. *24 Zi., Sortland, Strandg. 34, Tel. 76 12 28 88, Fax 76 12 29 18, Kategorie 2*

AUSKUNFT

N 8400 Sortland Turistinformasjon, Kjöpmannsg, 2, Tel. 76 12 15 55; in der Sommersaison Mo–Fr 10–18, Sa 10–15.30, So 11–15.30 Uhr

ZIELE IN DER UMGEBUNG

Hinnöy
Die vom Gebirgsmassiv um den *Möysalen* (mit 1266 m höchster Vesterålenberg) gekrönte, von langen und schmalen Fjorden tief eingeschnittene Insel verdient einen Abstecher auf der Straße 822, die zwölf km südöstlich von Sortland nach Südwesten abzweigt. Sie folgt in vielen Windungen dem Sortlandsund bis Kalfjord (36 km).

ANDÖY

(**O**) Obwohl die Nordspitze der Insel Andöy genau 100 km von Sortland entfernt ist, der weite Weg lohnt sich – schon wegen der Wale. Denn dort liegt *Andenes,* berühmt und berüchtigt wegen seiner Walfänger. Einige von ihnen haben die Jagd auf die Meeressäuger aufgegeben und längst entdeckt, daß man mehr verdienen kann, wenn man zahlungskräftige Touristen mit den alten Walfangkuttern so dicht an die auftauchenden Tiere heranbringt, daß es schwierig wird, keine guten Fotos zu schießen. Daß man keinen Wal zu sehen bekommt, passiert bei zehn Ausfahrten höchstens einmal. Das Meer ist »walsicher«, weil hier die Strömung, Wassertemperatur und Nahrung (Tintenfische in 1500 m Tiefe) den Tieren besonders zusagen. Das Unternehmen hat für den Gast allerdings immer einen Nachteil: Es ist ziemlich teuer. Und manchmal noch einen zweiten: Die Gewässer vor Andenes sind offenes Nordmeer, und das ähnelt selten einem Ententeich. Bei zu rauher See fallen die Fahrten aus. Die Kutterkapitäne gehen kein Risiko ein. Die Insel Andöy (488 qkm, 6500 Ew.) besteht fast zur Hälfte aus Mooren, die für ihre vielen Moltebeeren berühmt sind (man braucht eine Genehmigung, um sie zu sammeln). Der Hafen Andenes mit seinen 3000 Ew. ist zugleich Verwaltungszentrum.

Auf Andöy leben die Walfänger. Hier die Kirche von Dverberg

MUSEUM

Polar- und Fischereimuseum
Ein lokal geprägtes Museum in Andenes, das sich vor allem mit Polarforschung und Walfang befaßt. Das Museum leitet vogelkundliche Führungen (wechselnde Zeiten) zum Leuchtturm von Andenes. *Geöffnet 20. Feb. bis 29. Aug. tgl. 10–13 und 16–19 Uhr, Eintritt 30 nkr*

RESTAURANTS/HOTELS

Hotell Andrikken
Gut geführtes Hotel auch für anspruchsvollere Gäste. *44 Zi., Andenes, Storg. 53, Tel. 76 14 12 22, Fax 76 14 19 33, Kategorie 1–2*

Hotell Viking
Ein zwar relativ einfaches, aber ordentliches Haus mit gutbürgerlichem Restaurant. *28 Zi., Andenes, Fjordg. 2, Tel. 76 14 17 77, Kategorie 2*

WALSAFARI

★ Zweimal an jedem Tag, im Hochsommer sogar dreimal, legt ein hochseetüchtiger Kutter zur Walbesichtigung in Andenes ab. Die Fahrt dauert jeweils fünf bis sechs Stunden und schließt eine einfache Mahlzeit an Bord ein. Gesucht und meist auch gefunden werden die bis 20 m langen und bis 60 t schweren Pottwale, die größten Zahnwale der Erde. Auch kleinere Schwertwale und Zwergwale und Delphine gibt es oft zu sehen. *Abfahrt tgl. 10.30 und 15.30 Uhr, 15. Juni–20. Aug. auch 8.30 Uhr. Preis im letzten Jahr um 600 nkr, Jugendliche weniger*

AUSKUNFT

Andenes-Information, N 8480 Andenes (auch Anmeldung zur Walsafari): 22. Mai–15. Sept. 8–16, 13. Juni–14. Aug. bis 20 Uhr, Tel. 76 14 26 11, Fax 76 14 23 77

Von Auskunft bis Zoll

Hier finden Sie kurzgefaßt alle wichtigen Adressen und Informationen für Ihre Lofotenreise

AUSKUNFT

Deutschland:
Norwegisches Fremdenverkehrsamt, Mundsburger Damm 27, D-22087, Hamburg, Tel. 040/22 71 08 10, Fax 22 71 08 15

Österreich:
Kgl. Norwegische Botschaft, Bayerngasse 2, A-1037 Wien, Tel. 01/ 715 66 92/93/94

Schweiz:
Kgl. Norwegische Botschaft, Dufourstr. 29, CH-3005 Bern, Tel. 031/ 44 16 49, Fax 43 53 81

Lofoten:
Destination Lofoten (Touristinformation). Box 210, N-8301 Svolvær, Tel. 76 07 30 00, Fax 76 07 30 01

ALKOHOL

Trinken ist in Norwegen teuer. Wein und Spirituosen bekommt man auf den Lofoten nur im *Vinmonopolet* (staatliche Alkoholverkaufsstelle) in *Svolvær* am *Torvet* (Markt). Schnaps zu schmuggeln, ist einträglich, aber gefährlich. Die Strafen sind hart. Leichtbier gibt es im Supermarkt. Größere Restaurants haben Schankrechte für alle Alkoholika, viele andere nur für Wein und Bier.

ANGELN

Angeln in Salzwasser, also in Meer, Fjord und Sund, ist frei für jeden. Ausnahme: Lachse. Für sie kauft man auf der Post eine (preiswerte) Lizenz. Sportfischen in Süßwasser erfordert außer der (Post-)Lizenz eine Angelerlaubnis des Gewässerbesitzers (in Touristenbüros fragen). Mitgebrachte Angelgeräte sollen desinfiziert sein. Auch Anfänger kommen auf den Lofoten zu ihrem Fisch. Vorsicht, wenn es im Fjord »wie verrückt« beißt. Klären Sie vorher, ob Sie überzählige Fische irgendwo loswerden können. Das ist oft ein Kunststück! Jeder hat selbst genug.

APOTHEKE – ARZT

Medikamente bekommt man nur in Apotheken. (Zu erfragen über die *Legevakt,* die Arztstation, die es auf jeder Insel gibt. Die Rufnummern finden Sie in den einzelnen Inselkapiteln unter *Auskunft, außerdem auf den Seiten 2 und 3 des Distrikt-Telefonbuches.)* Man braucht ein norwegisches Rezept, auch das erhält man nur bei *Legevakt.* Dort findet man auch den Zahnarzt. Man muß bar bezahlen und die Rechnung nach der Heimkehr der eigenen Kasse zur Erstattung vorlegen. Wegen der Umständlichkeit: Regelmäßig benötigte Medikamente unbedingt mitnehmen!

AUTOFAHREN

0,5 Promille werden schon teuer. Wer damit erwischt wird, zahlt $1^1/_2$ Brutto-Monatsgehälter Strafe. Bei 1,5 Promille ist der Führerschein weg, der Fahrer geht in Haft, auch ohne Unfall.

Anschnallen: Auf Vordersitzen Pflicht, auf Hintersitzen auch, »wenn Gurte vorhanden«. Kinder unter vier Jahren müssen Spezialsitze haben. Verstöße kosten ziemlich hohe Geldstrafen.

Benzin: Bleifreies Normalbenzin hat 95 Oktan, entspricht also dem Super der meisten mitteleuropäischen Länder.

Geschwindigkeit: In Orten 50, auf Landstraßen 80 km/h; viele Beschränkungen durch Schilder. Die sind ernst gemeint, auch auf den Lofoten. 5 km/h zu schnell kosten 400 nkr, jede weiteren 5 km/h immer wieder 400 nkr. Bar! Gespanne dürfen nicht schneller als 70 km/h fahren (ungebremst 60).

Licht: Auch am Tag muß das Abblendlicht brennen (Buße 400 nkr).

Das Geheimnis des *törrfisk*

Was im deutschen Sprachraum Stockfisch genannt wird, heißt auf den Lofoten *törrfisk:* Trockenfisch, Dörrfisch. Er war schon vor tausend Jahren einziges Exportgut der Inseln. Noch heute wird über die Hälfte aller in der Saison von Neujahr bis Ostern gefangenen Fische zu *törrfisk* verarbeitet. Sie werden schon an Bord geschlachtet, damit sie völlig ausbluten. Nur dann gibt es eine gute Qualität. Im *sjöhus* des Fischaufkäufers werden sie ausgenommen, geköpft, gewaschen, paarweise an den Schwänzen zusammengebunden und sofort ohne jedes Konservierungsmittel auf Holzgerüsten zum Trocknen aufgehängt. Je weniger der Fisch nun Frost ausgesetzt ist, desto besser reift er. Darum stehen Trockengerüste stets dicht am Meer, wo das Wasser auch im Winter Wärme abstrahlt und der Salzgehalt der Luft noch dazu beiträgt, daß der Fisch nicht vedirbt. Erstaunlicherweise schadet Regen ihm nicht. Bis Juni bleibt der *törrfisk* hängen, verliert dabei 80 Prozent seines Wassergehalts. Jetzt ist er fast unbegrenzt haltbar, wird abgenommen und verschifft. Neun Zehntel gehen in den Export. – *Klippfisk* entfernt man im Gegensatz zum *törrfisk* die Rückengräte, ehe er aufgeklappt und, in dicken Salzlagen fest verpackt, gepökelt wird. In alter Zeit kam er später zum Trocknen auf die Klippen (daher der Name), heute geschieht das im *sjöhus*.

Maut: Nur am Nappstraumtunnel: 65 nkr pro Fahrt.

Rücksicht: Kinder und Schafe haben auf der Straße immer »Vorfahrt«. Auf einspurigen Abschnitten setzt bis zum nächsten *möteplass* (Ausweichstelle, meist blaues »M«-Schild), klaglos zurück, wer es leichter hat.

Versicherung: Die heimische Haftpflicht zahlt auch in Norwegen. Die grüne Versicherungskarte ist nicht Pflicht, aber es ist ratsam, sie mitzunehmen.

AUTOVERMIETUNG

Svolvær
Avis: *Tel. 76 07 11 40, Fax 76 08 97 26;* Budget: *Tel. 76 07 00 58, Fax 76 07 00 58;* Europe Car/Interrent: *Tel./Fax 76 07 12 55*

Leknes
Europe Car/Interrent: *Tel. 76 08 10 88, Fax 76 07 12 55; Hertz: Tel. 76 08 18 44, Fax 76 08 17 37*

Stamsund
Avis: *Tel. 76 08 93 00, Fax 76 08 97 26*

Strandslett (Vestvågöy)
In der *Brustranda Sjöcamping* angeschlossenen Werkstatt an der Straße 815 gibt es gute und dennoch die mit Abstand billigsten Leihwagen. *Tel. 76 08 71 02, Fax 76 08 71 00*

BANK

Auch die kleinste Kasse wechselt Devisen. Sehr unterschiedlich sind allerdings die Öffnungszeiten.

BEHINDERTE

Behinderte sind völlig selbstverständlich ins Alltagsleben integriert. Ihnen betont auszuweichen, gilt als sehr unhöflich. Die meisten Hotels, Restaurants und viele Geschäfte haben Behinderteneinrichtungen.

Camping in der Mitternachtssonne – bei Fredvang

BUS

Die Busse der *Lofoten Trafikklag* bedienen fast alle Orte der Inseln. Fahrpläne bei den Fahrern oder in den Touristbüros. *Busterminal Svolvær, Tel. 76 07 08 77*

CAMPING

Campingplätze bieten die Lofoten in unterschiedlichster Qualität. Fast alle liegen direkt oder doch dicht an der Hauptstraße E 10, so daß man sich die Plätze ohne Mühe ansehen kann. Auch jedes Touristbüro ist mit Hinweisen behilflich. Wildes Campen ist (z. Zt. noch) erlaubt.

EISENBAHN

Die nächste Bahnstation zu den Lofoten, *Fauske,* liegt an der Nordlandbahn von Bodö nach Oslo. Oder aber *Narvik* mit Übergang aufs schwedische Eisenbahnnetz. Anschluß in beiden Fällen mit Expreßbussen von *Svolvær* aus.

FKK

Norweger sind nicht prüde. Ein blanker Busen wird niemanden aufregen. Wer ganz ohne will, wird auch nicht verhaftet. FKK-Strände gibt es aber nicht.

FLIEGEN

Das Flugzeug ist für die Lofoten-Bevölkerung seit Jahren selbstverständliches Verkehrsmittel, leider kein billiges. Verbindungen schafft die Fluggesellschaft *Wideröe* mit zwei- und viermotorigen, soliden und sturmerprobten Propellermaschinen von den Inselflugplätzen *Svolvær* und *Leknes* zum Festlandsflughafen *Bodö.* Einige Abendflüge gibt es mit 50 Prozent Rabatt. Nachfragen lohnt!

FOTOGRAFIEREN

Meistens problemlos. Fotografiert man Menschen aus der Nähe oder bei der Arbeit, sollte man, wie immer, fragen. Filme mitnehmen! Sie sind in Norwegen teuer.

HOTELS – HÜTTEN

Manche Hotels schreiben sich *hotell.* Zwei »l« am Ende deuten oft auf einen gehobenen Standard. Man tut gut daran, die Erwartungen auch an die teureren Häuser nicht zu hoch zu schrauben. Die meisten hat *Svolvær* auf Austvågöy. Sie bieten meist zweckmäßig eingerichtete, ordentliche Zimmer ohne viel Schnickschnack. Die Kürze der Saison zwingt die Hoteliers zu scharfem Kalkulieren, da reicht das Geld nicht für eine Superausstattung. In jüngster Zeit kommen jedoch einige Häuser bekannter Hotelketten hinzu, so daß steigende Konkurrenz zu größeren Anstrengungen führt. Allerdings nimmt auch die Zahl der Sommertouristen mit jedem Jahr zu. Da bleibt abzuwarten, ob die Zimmerknappheit wirklich gemildert wird. Auf jeden Fall sollte man Hotels möglichst schon ein halbes Jahr im voraus buchen!

Das gilt auch für Hütten und *rorbuer* (wörtlich: *Steuerruderhaus*), die traditionellen Winterhütten der Fischer, auf Pfählen am oder über dem Wasser. Man findet sie in sehr unterschiedlichen Qua-

Entfernungen in Kilometern

	Fiskeböl	Henningsvær	Leknes	Ramberg	Reine	Svolvær	Stamsund	Å
Fiskeböl	–	59	104	134	160	34	104	166
Gravdal	110	69	6	29	57	76	22	63
Henningsvær	59	–	63	93	119	26	63	127
Leknes	104	63	–	30	56	70	16	64
Ramberg	134	93	30	–	26	100	46	34
Reine	160	119	56	26	–	126	72	10
Svolvær	34	26	70	100	126	–	70	134
Stamsund	104	63	16	42	72	70	–	80
Å	166	127	64	34	10	134	80	–

litäten und Preisen. Manche sind heute eher kleine Ferienhäuser. – Bleiben noch die Zimmer im *sjöhus,* den Arbeits- und Lagerhäusern der Fischhändler. Meist weniger komfortabel und nur mit Gemeinschaftsklo, dafür billig. Ist alles belegt, hilft das Touristbüro mit Privatquartieren. Das ist oft viel mehr als ein Notbehelf! Und manchmal der Auftakt zu einer Freundschaft.

HURTIGRUTE

Ein Zauberwort für ganz Norwegen. Immer wieder bewilligt das Parlament die hohen Subventionen, weil die Postdampferlinie trotz Flugzeug und Auto noch immer die sicherste Nabelschnur zum unterentwickelten Norden ist. Wenn Straßen und Pisten im Schnee versinken, die Schiffe fahren bei jedem Wetter, teils 40 Jahre alte, »erfahrene« Schwerwetterschiffe von nur 2000 BRT, teils hochmoderne, doppelt so große Fahrzeuge, noch mit einigem Mißtrauen betrachtet. Die Hurtigrute bietet die schönste Anreise zu den Lofoten, aber: Ganz früh buchen!, mindestens sechs Monate im voraus, sonst hat man gar keine Chance, für die ungern verkauften Teilstrecken bis Stamsund oder Svolvær eine Kabine zu bekommen. *Buchungen: Norwegische Schiffahrtsagentur, Kl. Johannisstr. 10, 20457 Hamburg, Tel. 040/37 69 30*

JUGENDHERBERGEN

Sie heißen *Vandrerhjem.* Ein Bettplatz kostet meist unter 150 nkr pro Nacht (oft deutlich darunter). Ermäßigung für Verbandsmitglieder. Keine Altersbeschränkung. Wanderer und Radfahrer haben Vorrang vor Autofahrern. Ein Ausweis ist nicht nötig, eine Voranmeldung ratsam.

KLIMA/REISEZEIT

Das Klima der Lofoten ist für ein Gebiet nördlich des Polarkreises sensationell milde. Der Golfstrom heizt das ganze Jahr. Aber man sollte auch im Sommer einen dicken Pullover im Gepäck haben, den man jedoch nicht immer braucht. Die Temperaturen schwanken stark. Faustregel: Bei 15 Grad im Juli sollten Sie nicht jammern. 25 Grad und mehr kommen durchaus vor. Beste

Reisezeit: Mai bis Anfang September. Einen »sicheren« Wettermonat gibt es nicht. Regenjacke und dichte Wanderschuhe oder Gummistiefel müssen mit auf die Reise.

LANDKARTEN

Die beste Karte ist *Cappelen Kart Midt-Norge III,* die in Mitteleuropa mit viersprachigen Erläuterungen von *Kümmerly + Frey* vertrieben wird (Maßstab 1:400 000). Auf den Lofoten bekommt man in Touristbüros und Kaufläden für einige Inseln brauchbare regionale Karten 1: 50 000, auf denen zwar sämtliche Häuser, leider aber nicht alle Wanderwege eingezeichnet sind.

PASS

Deutsche, Österreicher und Schweizer brauchen für Norweger weder Paß noch Visum, wenn sie nicht länger als drei Monate bleiben. Der Personalausweis genügt.

POST – TELEFON

Post und Telefon/Telegraf sind getrennte Einrichtungen, meist auch in verschiedenen Gebäuden. In kleinen Orten haben sie oft nur stundenweise geöffnet, manchmal sogar nur an bestimmten Tagen. Normalbrief und Postkarte (Luftpost) nach Mitteleuropa kosten gleiches Porto: 4,50 nkr. Norwegen hat beim Telefon die Ortsvorwahlen abgeschafft. Heute hat jeder Teilnehmer eine achtstellige Nummer, die landesweit *und auch innerörtlich* gilt. Man kann von jeder Zelle relativ billig Auslandsgespräche führen. Wählen Sie 095 vorweg, lassen Sie die *Null* bei der Landesvorwahl weg, ebenso die *Null*

Weiß, die Farbe des Geldes

In jedem alten *vær,* den Fischerorten auf den Lofoten, gab es – und gibt es häufig noch – das Spiel mit der Farbe. Der Besitzer des Hafens und damit auch des ganzen Dorfes samt seiner Bewohner wohnte weiß. Nur der *væreier,* der *fiskekongen,* hatte das Vorrecht, sein Herrenhaus mit weißer Farbe streichen zu lassen – der teuersten. Gelb angemalt wurden die Gebäude, in denen das Geld verdient wurde, die *sjöhus,* wo die Fische angelandet, gewogen und verarbeitet wurden. Oder die Lagerhäuser, in denen man ab Juni den fertigen *törrfisk* bis zum Versand aufbewahrte. Braunrot, durch einen holzbeschützenden Extrakt aus Dorschleberabfällen in der Farbe, waren die Geräteschuppen, vor allem aber die *rorbuer,* die Quartiere der Fischer, die entweder wie Leibeigene das ganze Jahr im *vær* lebten oder nur in der Wintersaison auf die Lofoten strömten. Es war der billigste aller Anstriche. Die traditionellen Farben werden bis in unsere Tage für Herrenhäuser, Seehäuser und Fischerhütten verwendet, wenn das Braunrot der *rorbuer* heute auch von der Farbenindustrie geliefert wird.

Ein Pottwal taucht wieder ab – vor Andenes

bei der Ortskennzahl. Die Apparate in den Zellen nehmen Ein-, Fünf-, oft auch Zehnkronenstücke. In vielen Zellen kann man sich anrufen lassen. Die Nummer steht dann groß in der Zelle. Auch in einigen Häusern in abgelegenen Gegenden gibt es öffentliche Telefone. Von Hotels aus ist das Telefonieren teuer. Landesweit einheitliche *Notrufe* (Feuer 110, Polizei 112, Arzt 113) sind erst im Aufbau; sie stehen in diesem Reiseführer in jedem Kapitel unter »Auskunft«, sonst auf den ersten Telefonbuchseiten.
Vorwahl nach Deutschland: 0 95 49
Vorwahl nach Österreich: 0 95 43
Vorwahl in die Schweiz: 0 95 41

SPORT UND SPIEL

Sport heißt auf den Lofoten Angeln. Vom Boot aus sind die Fangergebnisse besser als vom Ufer (auch die Fotoschüsse auf Meeressäuger). Ein Boot bekommt man meist »irgendwie« mit Hilfe seines Hotels, seines Vermieters oder eines Touristenbüros. Segelboote gibt es vernünftigerweise nicht zu leihen, die Strömungen und Untiefen sind viel zu gefährlich. Surfbretter muß man mitbringen, nur absolute Könner sollten das tun. Baden werden auch im Hochsommer wegen der niedrigen Temperaturen nur Wikinger. Wanderungen sind in den einzelnen Regionen beschrieben. Bergsteigen sollten nur sehr erfahrene Kletterer.

SPRACHE

Norwegen hat zwei offizielle Landessprachen, das stark verbreitete *bokmal (auch: rikmal)* und das fast nur im Westland gesprochene *nynorsk.* Auf den Lofoten wird *bokmal* gesprochen – außer einem Dialekt, den die Lofotinger Fremden aber selten zumuten. Ihr *bokmal* ist besser zu verstehen als der weiche Tonfall der Südnorweger. Deutsch wird kaum gesprochen, oft aber verstanden. Englisch ist verbreiteter. Das wichtigste norwegische Wort ist *takk.* Es heißt »Danke«, und man kann es gar nicht oft genug sagen. Die Norweger tun es untereinander auch. Ja heißt *ja* und nein *nei.* Zur Begrüßung sagt man heute nur noch *Hei!* Und zum Abschied *Ha det!* Das heißt vollständig eigentlich *Ha det bra!* und bedeutet wörtlich »Hab es gut!«. Gesprochen wird es so, wie man es schreibt. Sonst gibt es ein paar Abweichungen in der Aussprache: au wie au oder ö, o wie o oder u, die Regeln sind schwierig, u wie ü, v wie w, y wie zwischen i und ü. Es gibt drei zusätzliche Buchstaben, die immer am Schluß des Alphabets stehen: æ gesprochen wie ä, ø wie ö (wobei auch die Schreibweise ö vorkommt), und å (altmodisch aa) gesprochen wie o.

STROMSPANNUNG

220 Volt Wechselstrom. Wegen unterschiedlicher Steckdosen bitte einen Adapter mitnehmen!

TRINKGELD

Meist wird kein Trinkgeld erwartet. Es wird jedoch gern gesehen, wenn man im Restaurant den Rechnungsbetrag aufrundet. Taxifahrer rechnen mit zehn Prozent Trinkgeld.

UMWELTSCHUTZ

So leichtfertig die Norweger selbst manchmal mit der Ökologie umgehen, so schnell kann sich der Tourist ein Bußgeld einhandeln, wenn er *söppel* (Müll) einfach ins Wasser anstatt in einen der vielen Abfallbehälter am Straßenrand wirft. Das Wasser aus Bergbächen kann man noch unbedenklich trinken, nicht aber das der Binnenseen.

ZAHLEN

Norwegische Zahlen sind unproblematisch. Eins heißt *en* oder *ett,* zwei *to,* drei *tre,* vier *fire,* fünf *fem,* sechs *seks,* sieben *syv* oder *sju,* acht *atte,* neun *ni* und zehn *ti.* 20 heißt *tyve* oder *tjue,* 30 *tretti,* 40 *förti,* 50 *femti,* 60 *seksti,* 70 *sytti,* 80 *atti,* 90 *nitti,* 100 *hundre,* 1000 *tusen.*

ZEITUNGEN

Norweger sind lesefreudig. Jeder zweite Lofotinger hält sich seine eigene *Lofotposten,* eine Tageszeitung von 13 000 Auflage, fast nur mit Lokalnachrichten. Ausländische Zeitungen sind nur unregelmäßig in den großen Orten zu bekommen.

Söppel in Norge

Norwegen hat so viel unberührte Natur, daß einige mit den – ihrer Meinung nach – »unerschöpflichen« Reserven manchmal ziemlich ruppig umgehen. Vielfach wird der *söppel* (Müll) einer Gemeinde einfach in einem offenen Feuer verbrannt – samt Plastik und allem anderen Teufelszeug. Aber langsam werden auch die Norweger vorsichtiger. Noch indes sind sie Europameister im Müllproduzieren. Auf 473 kg bringt es jeder von ihnen im Jahr. Dicht dahinter die Dänen mit 469 kg. Die Deutschen sind mit 318 kg eher bescheiden, und die angeblich so unordentlichen Italiener bringen es nur auf 301 kg Müll.

ZOLL

Zollfreie Einfuhr nach Norwegen pro Person über 20 Jahren: 1 l Schnaps, 1 l Wein, 2 l Bier (statt Schnaps *und* Wein auch 2 l Wein). Außerdem verzollte Einfuhr von 4 l Schnaps/Wein und 10 l Bier möglich. Nicht schmuggeln! Bei Alkohol kann der Zoll pingelig werden. An Tabak (ab 16) sind 250 g und 200 Blatt Zigarettenpapier gestattet. Oder 200 Zigaretten oder 50 Zigarren. Verbotene Einfuhr: Frischfleisch (erlaubt 5 kg Fleischkonserven), frische Pflanzen, Eier, Kartoffeln, Medikamente (bis auf den persönlichen Bedarf), Waffen, Munition (Jagdwaffen deklarieren!), Fischnetze.

Da Norwegen noch nicht in der EU ist, sind die Mengen der zollfrei nach Deutschland einführbaren Waren begrenzt: z.B. Mitbringsel für 115 Mark, eine Stange Zigaretten, 1 l Schnaps.

WETTER IN LEKNES/VESTVÅGÖY

Die monatlichen Durchschnittswerte im Überblick

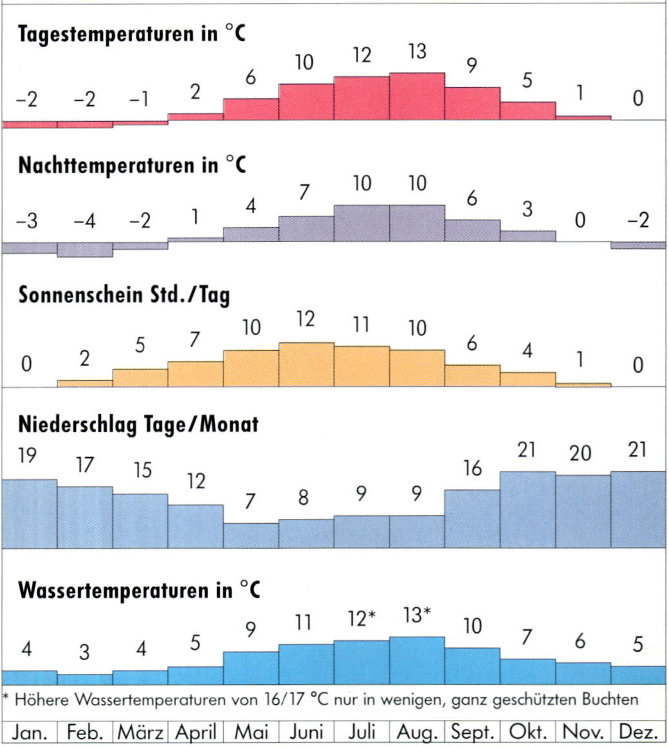

Bloß nicht!

So großzügig Norweger auch sind, einige ihrer Gesetze und Gewohnheiten sollten Sie beachten

Alkohol am Steuer
Die meisten Norweger halten sich an 0,0 Promille. Die Strafen sind schon für nur leicht angesäuselte Autofahrer drakonisch. Ab 0,5 Promille wird es rabiat: Sie kosten $1^1/_2$ Brutto-Monatsgehälter. Bei 1,5 Promille ist der Führerschein auch ohne Unfall weg, und obendrein ist dem Sünder Arrest sicher.

Ausweichen
Lassen Sie es vor einer engen Brücke auf einer einspurigen Straße nicht darauf ankommen, ob Sie den Entgegenkommenden dazu drängen können, zur nächsten Ausweichstelle zurückzufahren. Der ungeschriebenen Regel »Wer es leichter hat, räumt die Straße«, sollte man folgen. Wer es nicht tut, bringt sich und sein Heimatland bei Norwegern sonst schnell in einen schlechten Ruf.

Bergwandern
Seien Sie vorsichtig, erkundigen Sie sich bei Einheimischen. Es gibt wenige markierte Wege (rotes »T« auf Steinen). Und was die Lofotinger Bergwandern nennen, ist oft gefährliches Bergsteigen.

Bootfahren
Markieren Sie nicht den starken Mann oder die clevere Frau, wenn Sie sich ein Boot leihen. Lassen Sie sich genau erklären, wohin Sie ungefährdet fahren können und wo die Strömungen tückisch, die Strudel manchmal tödlich sind. Gezeitenströme können von unvorstellbarer Ge-

Ein alter Gebirgsweg auf Moskenesöy – Türschließen nicht vergessen

walt sein. Sehen Sie eine Nebelwand aufziehen, sofort ans nächste Ufer und dort abwarten, bis die Sicht sich bessert. Und: Im Boot Schwimmwesten auf keinen Fall vergessen!

Danken

Vergessen Sie nicht, sich zu bedanken, wofür, warum und wo auch immer. *Takk,* Danke, ist ein unverzichtbares Wort. Vater und Kinder sagen nach jedem Essen *takk for maten,* und Mutter wird antworten *seltakk* – Danke ebenfalls. Diesen Dank erwartet die Hausfrau auch von einem Gast. *Takk* muß sein, bei allen möglichen und unmöglichen Gelegenheiten. Man sagt es auch zum Polizisten, der einem das Strafmandat überreicht.

Einfuhr

Versuchen Sie nicht, Alkohol einzuschmuggeln. So verlockend das auch ist bei Norwegens Schnapspreisen. Das wird verdammt teuer. Wer mit noch so geringen Mengen Rauschgift erwischt wird, geht in jedem Fall erstmal in die Zelle. Auch Medikamente über den Eigenbedarf hinaus sollte man nicht bei sich haben.

Feuer

Im Freien Feuer zu machen, ist zwischen dem 15. April und dem 15. Sept. streng verboten. Nicht umsonst ziehen die Norweger am 23. Juni mit ihrem Sonnenwendfeuer am Strand ganz dicht ans Wasser.

Höflichkeit

Norweger sind nicht gerade Weltmeister der Höflichkeit. Grüßen ist Glückssache. Ein stummes Kopfnicken findet jeder in Ordnung. Aber mit schmutzigen Schuhen, womöglich mit Gummistiefeln, einen Wohnraum zu betreten, gilt als Gipfel der Unhöflichkeit. Man erwartet, daß Sie auf Strümpfen ins Haus gehen. Die ganze Familie läuft dort schon so umher. Dicke Socken oder Hausschuhe können natürlich mitgebracht werden. Niemand wird Sie auffordern, die Schuhe vor der Tür zu lassen – das ist selbstverständlich.

Nichtraucher

Viele Norweger sind starke Raucher. Aber daß ein Drittel jedes Restaurants und Cafés für Nichtraucher reserviert sein muß, respektiert jeder. Im Flugzeug darf auf allen norwegischen Inlandflügen nicht geraucht werden.

Quarantäne

Es macht keinen Sinn, im Auto seinen Hund nach Norwegen zu schmuggeln. Die Polizei wird bei einem Ausländer mit Hund sofort mißtrauisch und kontrolliert auch noch im Landesinneren. Das gibt dann einen Riesenärger, denn Hunde müssen vier Monate in Quarantäne, ehe sie ins Land dürfen.

Witze

»Das Beste an uns Norwegern ist, daß es so wenige von uns gibt!« Ein gern erzählter Witz. Aber der muß von Norwegern kommen, nicht von Ihnen. Da sind Norweger empfindlich. Auch die langjährige Weigerung, der EU beizutreten, ist kein Thema für Spott. Gerade auf den Lofoten, die so sehr von der labilen Fischwirtschaft abhängen, ist die Angst vor Europa groß.

REGISTER

Enthalten sind alle in diesem Führer beschriebenen Orte und die meisten der genannten Sehenswürdigkeiten. Halbfette Seitenzahlen verweisen auf den Haupteintrag

Was bekomme ich für mein Geld?

Obwohl die norwegische Krone in den letzten Jahren im internationalen Vergleich etwas an Wert verloren hat – die Deutschen z. B. bekamen sie in letzter Zeit für rund 24 Pfennig –, ist Norwegen eines der teuersten Reiseländer geblieben. Die Faustregel, daß dort die heimische Währung der ausländischen Besucher nur etwa 80 Prozent ihrer Kaufkraft behält, ist eher eine freundliche Untertreibung. Auf den Lofoten ist alles noch ein bißchen teurer als auf dem Festland: Die Transportkosten werden aufgeschlagen. Die südlichen Inseln Flakstadöy, Moskenesöy, Væröy und Röst haben die weitesten Versorgungswege, da gibt es dann noch einmal einen Zuschlag. Extremfall: Eine in ganz Europa vertriebene Hautcreme, in deutschen Supermärkten für knapp drei Mark zu haben, kostete beim Kaufmann auf Flakstadöy im letzten Jahr 30,50 nkr. So schlimm ist es zwar selten, aber man sollte beim Kofferpacken gut überlegen, damit man nicht zu vieles noch auf den Inseln kaufen muß.

Auch Lebensmittel sind teuer. Selbstverpfleger sollten das bedenken, wenn Sie Proviant ins Auto laden. Berücksichtigen Sie allerdings die Höchstmengen für Fleischkonserven.

DM	nkr	nkr	DM
1	4,19	1	0,24
2	8,38	5	1,19
3	12,57	10	2,39
4	16,76	20	4,77
5	20,95	30	7,16
10	41,90	40	9,54
20	83,80	50	11,93
25	104,75	75	17,89
30	125,70	100	23,85
40	167,60	200	47,70
50	209,50	300	71,55
75	314,25	400	95,40
100	419,00	500	119,25
200	838,00	600	143,10
250	1.047,50	700	166,95
300	1.257,00	800	190,80
500	2.095,00	900	214,65
750	3.142,50	1.000	238,50
1.000	4.190,00	2.500	596,25
2.000	8.380,00	5.000	1.192,50

Sprechen und Verstehen ganz einfach

Zur Erleichterung der Aussprache sind alle norwegischen Wörter mit einer einfachen Aussprache (in eckigen Klammern) versehen.

AUF EINEN BLICK

Ja./Nein.	Ja./Nei. [Ja/Nei]
Vielleicht.	Kanskje. [kannsche]
Bitte.	*(als Aufforderung)* Vær så snill [wär so snill] *(als Antwort auf Danke!)* Ja takk! [Ja tack]
Danke.	Takk. [Tack]
Gern geschehen.	Det var da så lite. [deh war da so lite]
Entschuldigung!	Unnskyld! [Ünnschüll]
Wie bitte?	Unnskyld! [Ünnschüll]
Ich verstehe Sie/dich nicht.	Jeg forstår deg ikke. [Jei forstohr dei icke]
Ich spreche nur wenig …	Jeg snakker bare litt … [Jei snakker bare litt]
Können Sie mir bitte helfen?	Unnskyld, kan du hjelpe meg? [Ünnschüll, kann dü jelpe mei?]
Ich möchte …	Jeg ville gjerne ha … [Jei will jerne ha]
Das gefällt mir (nicht).	Det liker jeg (ikke). [Deh lieker jei (icke)]
Haben Sie …?	Har dere …? [Har dehre?]
Wieviel kostet es?	Hva koster det? [Wa koster deh?]
Wieviel Uhr ist es?	Hvor mye er klokka? [Wuhr müe är klocka?]

KENNENLERNEN

Guten Morgen!	God morgen! [Guh mohren]
Guten Tag!	God dag! [Gu dag]
Guten Abend!	God kveld! [Gu quell]
Hallo! Grüß dich!	Hallo!/Hei! [Hallu/Hei]
Mein Name ist …	Navnet mitt er … [Nawne mitt är]
Wie ist Ihr Name, bitte?	Unnskyld, hva var navnet? [Ünnschüll, wa war nawne?]
Wie geht es Ihnen/dir?	Hvordan har du det? [Wurdan har dü deh?]
Danke. Und Ihnen/dir?	Takk, bra. Og med deg? [Tack, bra. Ohg meh dei?]
Auf Wiedersehen!	Adjø!/På gjensyn! [Adjö/Po jennsühn]
Bis bald!	Vi sees! [Wi sehs]

Auskunft

links/rechts	til venstre/til høyre [till wenstre/till höire]
geradeaus	rett fram [rett fram]
nah/weit	nær/langt [nähr/langt]
Bitte, wo ist …?	Unnskyld, hvor ligger …? [Ünnschüll, wur ligger …?]
Hauptbahnhof	hovedstasjon [huwedstaschun]
U-Bahn	T-bane [T-bahne]
Flughafen	flyplass [flühplass]
Ich möchte … mieten.	Jeg ville gjerne leie … [Jei will jerne leie …]
… ein Auto	… en bil [ehn bil]
… ein Fahrrad	… en sykkel [ehn sückel]

Panne

Ich habe eine Panne.	Jeg har en skade på bilen. [Jei har ehn skade po bilen]
Würden Sie bitte den Pannendienst anrufen?	Vil du være vennlig å ringe etter en redningsbil? [Will dü wäre wennli o ringe etter ehn reddningsbil?]
Wo ist hier in der Nähe eine Werkstatt?	Fins det et verksted i nærheten? [Finns deh ett werkstehd i nährhehten?]

Tankstelle

Wo ist bitte die nächste Tankstelle?	Unnskyld, hvor er nærmeste bensinstasjon? [Ünnschüll, wur er närmeste bensinstaschun?]
Ich möchte … Liter …	Jeg skal ha … liter … [Jei skal ha … liter]
… Normalbenzin.	… normalbensin. [normalbensin]
… Super.	… super. [süper]
… Diesel.	… diesel. [diesel]
… bleifrei/verbleit.	… blyfri/blyholdig. [blühfri/blüholldi]
Volltanken, bitte.	Full tank, takk. [Füll tank, tack]

Unfall

Hilfe!	Hjelp! [Jelp]
Achtung!	Se opp!/Forsiktig! [Seh opp/Forsikti]
Rufen Sie bitte schnell …	Vær så snill og ring etter … straks. [Wär so snill ohg ring etter … stracks]
… einen Krankenwagen.	… en sjukebil [ehn schühkebil]
… die Polizei.	… politiet [politiet]
… die Feuerwehr.	… brannvesenet [brannwesenet]
Es war meine/Ihre Schuld.	Det var min/din skyld. [Deh war min/din schüll]
Geben Sie mir bitte Ihren Namen und Ihre Anschrift.	Kan jeg få navnet og adressen din. [Kann jei foh nawne ohg adressen din]

ESSEN/UNTERHALTUNG

Wo gibt es hier …	Hvor er det … [Wur är deh …]
… ein gutes Restaurant?	… en god restaurant? [ehn gu restorang?]
… ein nicht zu teures Restaurant?	… en ikke altfor dyr restaurant? [ehn icke altfor dühr restorang?]
Gibt es hier eine gemütliche Kneipe?	Er det noe hyggelig vertshus her? [Är deh nue hüggeli wärtshüs här?]
Reservieren Sie uns bitte für heute abend einen Tisch für 4 Personen.	Kan du reservere et bord for fire personer for i kveld. [Kann dü reservehre ett bur for fihre persuhner for i quell]
Auf Ihr/dein Wohl!	Skål! [Skohl]
Bezahlen, bitte.	Kan jeg/vi få betale? [Kann jei/wi foh betale?]
Hat es geschmeckt?	Smakte det? [Smakte deh?]
Das Essen war ausgezeichnet.	Maten var utmerket. [Maten war ütmerket]

EINKAUFEN

Wo finde ich …?	Hvor finner jeg …? [Wur finner jei …?]
Apotheke	apotek [aputehk]
Bäckerei	bakeri [bakeri]
Fotogeschäft	fotoforretning [futuforrettning]
Kaufhaus	varehus [Warehüs]
Lebensmittelgeschäft	dagligvareforretning [Dagliwareforrettning]
Markt	marked [Marked]

ÜBERNACHTUNG

Können Sie mir bitte … empfehlen?	Kan du anbefale meg …? [Kann dü annbefahle mei …?]
… ein gutes Hotel	… et godt hotell [… ett gott hotell]
… eine Pension	… et pensjonat [… ett pangschunat]
Ich habe bei Ihnen ein Zimmer reserviert.	Jeg har reservert et rom hos dere. [Jei har reservehrt ett rum huhs dehre]
Haben Sie noch Zimmer frei?	Har dere noe ledig rom? [Har dehre nue ledi rum?]
ein Einzelzimmer	et enkeltrom [ett enkeltrum]
ein Doppelzimmer	et dobbeltrom [ett dobbeltrum]
mit Dusche/Bad	med dusj/bad [meh düsch/bad]
für eine Nacht	for ei natt [forr ei natt]
für eine Woche	for ei uke [forr ei üke]
Was kostet das Zimmer mit …	Hva koster rommet med … [Wa koster rumme meh …]
… Frühstück?	… frokost? [fruhkost?]
… Halbpension?	… halvpensjon? [hallpangschun?]

Arzt

Können Sie mir einen guten Arzt empfehlen?	Kan du anbefale meg en god lege? [Kann dü annbefahle mei ehn gu lehge?]
Ich habe hier Schmerzen.	Jeg har smerter her. [Jei har smerter här]

Bank

Wo ist hier bitte …	Unnskyld, hvor finner jeg … [Ünnschüll, wur finner jei …]
… eine Bank?	… en bank? [… ehn bank?]
… eine Wechselstube?	… et vekslingslkontor? [… ett weckslingskuntur?]
Ich möchte … DM (Schilling, Schweizer Franken) in Kronen umwechseln.	Jeg ville gjerne veksle D-mark (schilling, sveitsiske francs) i kroner. [Jei wille jerne wecksle D-mark (schilling, sweiziske franc) i kruhner]

Post

Was kostet …	Hva koster … [Wa koster …]
… ein Brief …	… et brev … [ett brev]
… eine Postkarte …	… et postkort … [ett postkort]
… nach Deutschland?	… til Tyskland? [till Tüsklann]

Zahlen

0	null [nüll]	19	nitten [nitten]
1	en/ett [ehn/ett]	20	tjue (tyve) [chüe (tühwe)]
2	to [tu]	21	tjueen [chüeehn]
3	tre [tre]	22	tjueto [chüetu]
4	fire [fihre]	30	tretti (tredve) [tretti (tredwe)]
5	fem [femm]	40	førti [förti]
6	seks [sechs]	50	femti [femmti]
7	sju (syv) [schü (süw)]	60	seksti [secksti]
8	åtte [otte]	70	sytti [sötti]
9	ni [ni]	80	åtti [otti]
10	ti [ti]	90	nitti [nitti]
11	elleve [ellwe]	100	hundre [hündre]
12	tolv [toll]	200	tohundre [tuhündre]
13	tretten [tretten]	1000	tusen [tüsen]
14	fjorten [fjurten]	2000	totusen [tutüsen]
15	femten [femmten]	10 000	titusen [titüsen]
16	seksten [seisten]		
17	sytten [sötten]	1/2	en halv [ehn hall]
18	atten [atten]	1/4	en fjerdedel [ehn fjäredehl]

Spisekart/Meny
Speisekarte

FROKOST	FRÜHSTÜCK
svart kaffe [swart kaffe]	schwarzer Kaffee
kaffe med melk [kaffe meh melk]	Kaffee mit Milch
koffeinfri kaffe [koffeinfri kaffe]	koffeinfreier Kaffee
te med melk/sitron [teh meh melk/sitrun]	Tee mit Milch/Zitrone
urtete [ürtete]	Kräutertee
sjokolade [schukolade]	Schokolade
fruktsaft/juice [frücktsaft (juice)]	Fruchtsaft
bløtkokt egg [blötkukt egg]	weichgekochtes Ei
eggerøre [eggeröre]	Rühreier
egg og bacon [egg ohg beiken]	Eier mit Speck
brød/rundstykke/ristet brød [brö/rüntstükke/ristet brö]	Brot/Brötchen/Toast
horn [horn]	Hörnchen
smør [smör]	Butter
ost [ust]	Käse
pølse [pölse]	Wurst
skinke [schinke]	Schinken
honning [honning]	Honig
syltetøy [sültetöi]	Marmelade
mysli [müsli]	Müsli
yoghurt [jogürt]	Joghurt
frukt [frückt]	Obst

FORRETTER OG SUPPER	VORSPEISEN UND SUPPEN
trøndersodd [tröndersodd]	Fleischbrühe mit Gemüse und Fleischklößchen aus Trøndelag
ertesuppe [ertesüppe]	Erbsensuppe
fersk suppe [ferschk süppe]	Suppe mit gekochtem, frischem Fleisch und Gemüse
fiskesuppe [fiskesüppe]	Fischsuppe
gravlaks [gravlachs]	rohgebeizter Lachs
kryddersild [krüddersill]	Gewürzhering
rekecocktail [rehkekockteil]	Krabbensalat in Mayonnaise
røkelaks [rökelachs]	geräucherter Lachs
rømmegrøt [römmegröht]	Milchbrei mit viel Fett (35 %) (auch als Hauptgericht)
speket reinsdyrkjøtt [spehket reinsdürchött]	Gepökeltes Rentierfleisch
salater [salater]	Salate
tomatsild [tumatsill]	Tomatenhering

KJØTTRETTER	FLEISCHGERICHTE
elgsteik [elgsteik]	Elchbraten
fårikål [fohrikohl]	Hammel- und Kohleintopf
ferskt kjøtt [ferschk chött]	Gekochtes Rinderfleisch mit Gemüse und heller Soße
flesk [flesk]	Schweinefleisch
hjortesteik [jurtesteik]	Hirschbraten
kalkun [kalkühn]	Truthahn
kjøttkaker [chöttkaker]	Frikadellen in brauner Soße
knackpølse [knackpölse]	Knackwurst
kylling [chülling]	Hähnchen
lammefrikassé [lammefrikassee]	Lammfrikassee
lammekoteletter [lammekoteletter]	Lammkotelett
lammesteik [lammesteik]	Lammbraten
oksesteik [ucksesteik]	Rinderbraten
rådyrsteik [rohdürsteik]	Rehbraten
reinsdyrsteik [reinsdürsteik]	Rentierbraten
spekemat [spehkemat]	Kaltes, gepökeltes Dörr- oder Rauchfleisch
svinekotelett [swinekotelett]	Schweinekotelett
svinesteik [swinesteik]	Schweinebraten
vilt [wilt]	Wild
wienerpølse [wienerpölse]	Wienerwurst

FISK OG SKALLDYR	FISCH UND SCHALENTIERE
ål [ohl]	Aal
blåskjell [blohschell]	Miesmuscheln
fiskeboller [fiskeboller]	Fischklößchen
fiskepudding [fiskepüdding]	Fischpudding
gjedde [jedde]	Hecht
hummer [hümmer]	Hummer
kreps [kreps]	Flußkrebs
kveite [kweite]	Heilbutt
laks [lachs]	Lachs
makrell [makrell]	Makrele
ørret [örret]	Forelle
reker [rehker]	Garnelen
rødspette [röspette]	Scholle
sei [sei]	Köhler
sik [sihk]	Renke
spekesild [spehkesill]	Eingelegter Hering
steinbit [steinbit]	Steinbeißer
torsk [torschk]	Dorsch

GRØNNSAKER	GEMÜSE
agurksalat [agürksalat]	Gurkensalat
bakte poteter [bakte putehter]	gebackene Kartoffeln
blandet salat [blannet salat]	Gemischter Salat
blomkål [blummkohl]	Blumenkohl
champignon [schampinjong]	Champignon
erter [erter]	Erbsen
gulrøtter [güllrötter]	Möhren
hodelkål [huhdekohl]	Weißkohl
kål [kohl]	Kohl
kantarell [kantarell]	Pfifferlinge
løk [lök]	Zwiebeln
potet(mos) [puteht (mus)]	Kartoffel(brei)
rødkål [rökohl]	Rotkohl
salat [salat]	Salat
sopp [sopp]	Pilz
steinsopp [steinsopp]	Steinpilz

SMØRBRØD	BELEGTE BROTE
egg og ansjos [egg ohg annschuhs]	Brot mit gekochtem Ei und Anchovis
fiskekabaret [fiskekabareh]	Brot mit Fisch und Gemüse in Aspik
karbonade [karbunade]	Brot mit Frikadelle
leverpostei med syltede agurker [lewerpostei meh sülltede agürker]	Brot mit Leberpastete und Gewürzgurken
patentsmørbrød [pantentsmörrbrö]	Brot mit Spiegelei und Speck
rekesmørbrød [rehkesmörrbrö]	Brot mit Krabben und Mayonnaise
roastbiff [roustbiff]	Brot mit Roastbeef
svinesteik [swinesteik]	Brot mit Schweinebraten

BAKVERK	GEBÄCK UND TORTEN
boller [boller]	süße Brötchen (mit Rosinen)
bløtkake [blötkake]	Torte
eplekake [epplekake]	Apfelkuchen
julekake [jülekake]	Rosinenbrot
lefse [leffse]	weicher, dünner Fladen aus Kartoffeln und Mehl gebacken
rullade [rüllade]	Biskuitrolle
småkaker [smohkaker]	Plätzchen
vannbakkels [wannbakels]	Windbeutel
wienerbrød [wienerbrö]	Plundergebäck

DESSERT	DESSERT
fruktkompott [frücktkompott]	Obstkompott
fruktsalat [frücktsalat]	Obstsalat
is [is]	Eis
sjokolade [schukolade]	Schokolade
jordbær [jurbär]	Erdbeere
vanilje [vanilje]	Vanille
jordbær med fløte [jurbär meh flöte]	Erdbeeren mit Sahne
karamellpudding [karamellpüdding]	Karamelpudding
moltekrem [moltekremm]	Moltebeeren mit Schlagsahne
osteanretning [usteannrettning]	Käseplatte
riskrem [riskremm]	Milchreis mit Schlagsahne und roter Soße
rodgrøt med fløte [rögröt meh flöte]	Rote Grütze mit Sahne

Vinkart

Getränkekarte

ALKOHOLHOLDIG	ALKOHOLISCHE GETRÄNKE
åkkevitt [ackewitt]	Aquavit
fatøl [fatöll]	Faßbier
hvitvin [witwin]	Weißwein
likør [likör]	Likör
øl [öll]	Bier
rødvin [röwin]	Rotwein

ALKOHOLFRITT	ALKOHOLFREIE GETRÄNKE
alkoholfri vin [alkuhulfri win]	alkoholfreier Wein
brus [brüs]	Limonade
kaffe [kaffe]	Kaffee
kakao [kakao]	Kakao
melk [melk]	Milch
saft [saft]	Fruchtsaft
sjokolade [schukolade]	Schokolade
te [teh]	Tee (schwarz)
med sitron [meh sitrun]	mit Zitrone
vann [wann]	Wasser